書下ろし

ファーストクラスの英会話
―電話・メール・接待・交渉編―

荒井弥栄

祥伝社黄金文庫

おひさしぶりです

「英会話はビジネスツールの1つです。されどツールです」
これは私が企業様での研修やセミナー、エグゼクティブの方々への個人レッスンの際に必ず言わせていただくことの1つです。
国際社会で活躍するために、かなり前から企業内での英語の位置付けが重くなってきています。社内公用語英語化を実施する会社も増えてきています。TOEICの点数が入社試験から昇格試験、また、減給にまで力を及ぼす時代となりました。その一方で、「TOEICの点数と会話力が釣り合っていない」と新入社員の方々の実際の英会話力に驚く企業様があったり、「TOEICの点数重視で採用したために"仕事の上での未知の可能性を持ったような人材"を採用しそこねた気がする」と呟く人事部長様がいらしたり、「TOEICの点数で減給を実施したために、優秀な人材が何人も"そんなものだけで判断されるのは遺憾"と言い退社してしまった」とぼやく社長様がいたりするのも事実です。

私は「TOEICのスコアと英会話力は別物」と講師になった最初の頃から感じ、言い続けております。受験戦争で鍛えられている日本人には「スコア」を上げることは違和感があまりなく、テクニックなどを教えてもらえば、かなり上手に高得点を獲得できると思うのです。ですからテクニックで取ったスコアと、実際のビジネスの場で「使える英語（ここで言うところの『使える英語』とは、自分の伝えたいことを相手が理解できるように端的に言える英語力のことです）」を話せることは、イコールではないのも当然です。

また、実際に国際社会で成功しているビジネスパーソンの方々とお仕事でお会いする機会が多かった私は、その方々に共通の「あること」を早くから感じていました。それは「個で戦う力の大事さを知っている」ということです。

とある企業の40代の役員の方ははっきりと「アメリカに行ったら、日本人が"ほー、すごいですねー"と口にする東大卒の学歴とか一部上場の有名企業の名刺に何の力もないことを知りました。アメリカでは"僕はこれができます"と自分をアピールする力と実力だけが重視されます。今までの自分の考え方が恥ずかしくなりましたね」とおっしゃっていました。「荒井先生が"名刺はアメリカでは裏面がメモ用紙代わりにされることもありますよ。紙以上の威力は日本ほど発揮してくれません"と笑いながらおっしゃっていたのが、よく分かりました」とも。

英語も学歴も会社の知名度もツールの1つにしか過ぎないのです。実際、海外とのビジネスで必要なのは「個で戦う力」。そして2番目が多分「コミュニケーションを取るためのツールである英語」なのではないでしょうか。

今回、この本ではビジネスの場で活用していただくための、できるだけ多くの「使える英語」を電話編・メール編・接待編・交渉編に分けて書かせていただきました。ツールの１つではありますが、使い方を間違えると相手に「非常識」と感じさせ、逆にビジネスの進行をも妨げてしまうことにもなる「怖い」存在でもあるのが英語です。ですので、ぜひ、英語を上手く活用していただき、一人でも多くの日本人が国際社会で臆することなくそのビジネス能力を発揮していただけたら……という思いを込めております。

３年前の８月に、週刊朝日にコラム連載中だった私を発見してくださり、本を書く機会をくださった祥伝社黄金文庫さんで、「ビジネスで信頼される　ファーストクラスの英会話」に続き、こうして２冊目が書ける幸せを噛み締めながら「実践で活かせる英会話」を盛りだくさんに収めました。巻末には私の声で録音いたしました「音声ダウンロード」もついております。通勤のお供にでも使っていただけたら幸甚でございます。

日頃から私を応援してくださっている日本国内、そして海外在住の皆様、私を選びOffice Graceのドアを叩いてくださったたくさんのエグゼクティブの生徒さん、そしてチャンスを二度も与えてくださった祥伝社黄金文庫吉田編集長に感謝の気持を込めて…。

2013年　盛夏

荒井弥栄
あらい　やえ

Yae Arai

本書の使い方

本書は日本人が海外とのビジネス、特に外国人との電話、メール、接待、交渉などにおいて、普通に使ってしまっているけど、実は先方にはとんでもないニュアンスで伝わってしまっている表現を、電話編、メール編、接待編、交渉編としてそれぞれ20フレーズずつ紹介しています。
まず、日本人がビジネスでよく使ってしまっている①の好ましくない英語表現を紹介、その下の②で解説や好ましい表現を紹介しています。

①

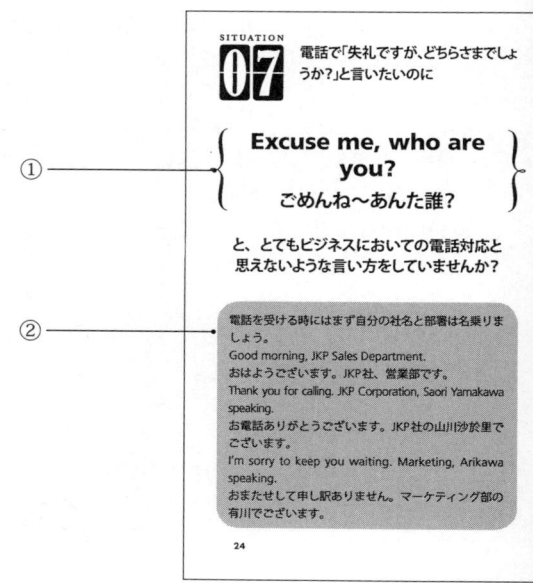

②

SITUATION 07

電話で「失礼ですが、どちらさまでしょうか?」と言いたいのに

Excuse me, who are you?

ごめんね〜あんた誰?

と、とてもビジネスにおいての電話対応と思えないような言い方をしていませんか?

電話を受ける時にはまず自分の社名と部署は名乗りましょう。
Good morning, JKP Sales Department.
おはようございます。JKP社、営業部です。
Thank you for calling. JKP Corporation, Saori Yamakawa speaking.
お電話ありがとうございます。JKP社の山川沙於里でございます。
I'm sorry to keep you waiting. Marketing, Arikawa speaking.
おまたせして申し訳ありません。マーケティング部の有川でございます。

24

次に、③の「FIRST CLASS EXPRESSION」では、ネイティブでも感心する好ましい表現を紹介しています。祥伝社ホームページからダウンロードできる、音声サービスではこちらの英文を著者が自ら朗読しています（※詳しくは204ページをお読みください）。

④の「VARIATION」では、さらに発展した状況でのさまざまな表現を紹介しています。こちらのフレーズを学んで、あなたの表現力をさらにアップさせましょう。

FIRST CLASS EXPRESSION

I'm sorry, may I ask your name?
I'm sorry, may I have your name, please?
この他にも「あの、そちらさまは？」というような聞き方でI'm sorry, you're…? も使われます。

VARIATION

●確認したい時の表現いろいろ
I'm sorry I didn't quite catch your name.
すみません。お名前がよく聞き取れなかったのですが…。
Who should I say is calling?
どちらからの電話だとお伝えすればよいでしょうか。
Could I ask what company you are with?
社名をおうかがいしてもよろしいでしょうか。
Could I have your company name again?
会社名をもう一度お願いできますでしょうか？
Ms. Gutierrez? Did I pronounce your name correctly?
グティレス様ですね。お名前を正しく発音できておりましたでしょうか？
What can I do for you today?
本日はどういったご用件でしょうか？
How may I help you?
どういったご用件でしょうか？

おひさしぶりです——3
本書の使い方——6

PART 1 【電話編 20フレーズ】

- **SITUATION 01** パークさんとお話ししたいのですが——12
- **SITUATION 02** マーティンさんからお電話をいただいたようなのですが——14
- **SITUATION 03** 彼の携帯番号を教えていただけますか?——16
- **SITUATION 04** 伝言をお願いできますでしょうか?——18
- **SITUATION 05** 申し訳ありませんが、5分ほど遅刻してしまいます——20
- **SITUATION 06** 今日は熱があるので休ませてください——22
- **SITUATION 07** 失礼ですが、どちらさまでしょうか?——24
- **SITUATION 08** 申し訳ありません。よく聞こえないのですが…——26
- **SITUATION 09** 山田はあいにく外出しております——28
- **SITUATION 10** 伝言をうけたまわりましょうか?——30
- **SITUATION 11** 申し訳ありませんが、そろそろ電話を切らなくてはいけません——32
- **SITUATION 12** どうですか?——34
- **SITUATION 13** パンフレットを拝見してお電話させていただいております——36
- **SITUATION 14** 申し訳ありません。番号を間違えたようです——38
- **SITUATION 15** 9月15日から3泊で予約を入れたいのですが…——40
- **SITUATION 16** 神谷町駅のA7出口でお待ちしております——42
- **SITUATION 17** 御社の見積もりについて詳細を話し合いたいと思います——44
- **SITUATION 18** 合意文章を作成しましょう——46
- **SITUATION 19** 本日はこのへんで終了といたしましょう——48
- **SITUATION 20** 私のプレゼンはおおよそ45分かかります——50

コラム1 これだからオーナー企業って…!?——52

PART 2 【メール編 20フレーズ】

- **SITUATION 01** 東京は桜の季節です——56
- **SITUATION 02** 御社とお仕事をさせていただけることを楽しみにしております——58
- **SITUATION 03** 緊急事態発生!——60
- **SITUATION 04** 御社とのお取引を継続できないという決定にいたりました——62
- **SITUATION 05** サンプルを送っていただきありがとうございました——64
- **SITUATION 06** お見積書をありがとうございました——66

SITUATION 07	現金にて前払いいただけるのでしたら値引きをさせていただきます——68
SITUATION 08	残念ながら値引きを行うことができません——70
SITUATION 09	弊社とのお取引条件を手短に説明させていただきたく思います——72
SITUATION 10	御社の製品を下記の通り注文したく思います——74
SITUATION 11	GT200の半分以上のスイッチに欠陥があります——76
SITUATION 12	支払期日が5月末分のご入金が確認できておりません——78
SITUATION 13	スケジュール通り進んでいることをご報告できて嬉しく思います——80
SITUATION 14	とても有益な時間を過ごすことができ、ありがとうございました——82
SITUATION 15	彼への贈り物を用意するために、ご寄付をお願いいたします——84
SITUATION 16	担当者をもう一度オフィスに派遣して欲しい——86
SITUATION 17	直接あなたとお話しさせていただけたらと思っております——88
SITUATION 18	弊社の休暇は12月28日から1月5日までです——90
SITUATION 19	一身上の都合により、KPO社を退社することを決心いたしました——92
SITUATION 20	弊社社長が交通事故のため逝去いたしました……——94

コラム2 そのカニさんジェスチャーは？——96

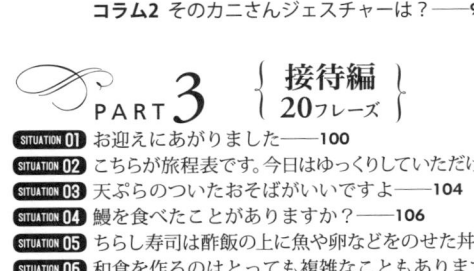

PART 3 {接待編 20フレーズ}

SITUATION 01	お迎えにあがりました——100
SITUATION 02	こちらが旅程表です。今日はゆっくりしていただけますよ——102
SITUATION 03	天ぷらのついたおそばがいいですよ——104
SITUATION 04	鰻を食べたことがありますか？——106
SITUATION 05	ちらし寿司は酢飯の上に魚や卵などをのせた丼物です——108
SITUATION 06	和食を作るのはとっても複雑なこともあります——110
SITUATION 07	日本人は食事の前に「いただきます」という言葉を使います——112
SITUATION 08	お好み焼きの材料は特別です——114
SITUATION 09	お酒は米からできています——116
SITUATION 10	日本の食生活で一番大事な部分を占めているのはお米です——118
SITUATION 11	東福寺はたくさんの紅葉の名所の中でも一番素晴らしい場所です——120
SITUATION 12	舞妓さんや芸妓さんは日本の伝統的な踊りや歌を披露します——122
SITUATION 13	日本の象徴である富士山はユネスコの諮問機関によって……——124
SITUATION 14	鎌倉の大仏は13世紀半ばに作られ、中は空洞です——126
SITUATION 15	新しく建て直された歌舞伎座で、こけら落とし公演が行われました——128
SITUATION 16	東京スカイツリーは日本で一番高い建物です——130
SITUATION 17	桜はぱっと咲いて、そして数日のうちに散ってしまうのです——132
SITUATION 18	ひな祭りは3月3日で、女の子の健やかな成長と幸福を願う日です——134

SITUATION 19	着物はいろいろな種類があって、染色の技法も様々です——136
SITUATION 20	能は14世紀から演じられています——138
	コラム3 なんで英語ばかり入れるの？——140

PART 4 {交渉編 20フレーズ}

SITUATION 01	ドイツ人との交渉で「30%値下げしていただきたいのですが」——144
SITUATION 02	当社の価格は競争力があると思っております——146
SITUATION 03	アメリカ人との交渉で「引き渡し時期を教えてください！」——148
SITUATION 04	支払は現金でお願いいたします——150
SITUATION 05	保証期間は1年です——152
SITUATION 06	フランス人との交渉で「代理店契約の主な規定項目は何でしょうか？」——154
SITUATION 07	イギリス人との交渉で「私の考えはこんな感じです」——156
SITUATION 08	このような手違いは二度と無いと思います——158
SITUATION 09	残りの商品をキャンセルすることは可能でしょうか？——160
SITUATION 10	今回の交渉においては両者に有利な結果にしたいと思っております——162
SITUATION 11	まったくそのようなつもりはございません——164
SITUATION 12	原則としては同意しております——166
SITUATION 13	韓国人との交渉で「正確な数字が現在手元にございません」——168
SITUATION 14	中国人との交渉で「なんでそんなに急ぐの？」——170
SITUATION 15	サウジアラビア人との交渉で「不適切な発言をしてしまいました」——172
SITUATION 16	1つご提案したいことがあります——174
SITUATION 17	タイ人との交渉で「お願いしたい条件が1つあるのですが…」——176
SITUATION 18	これを論理的に話し合うべきだと思います——178
SITUATION 19	もう3時半です。コーヒーブレイクしませんか…——180
SITUATION 20	インド人との交渉で「別の機会をください」——182
	コラム4 ネマワシハダイジデス？——184

ビジネス英語に必須の文法1 助動詞——187
ビジネス英語に必須の文法2 can・may/mightの使い方いろいろ——189
ビジネス英語に必須の文法3 使役動詞と知覚動詞の使い方いろいろ——192
ビジネス英語に必須の文法4 動名詞・不定詞——194
ビジネス英語に必須の文法5 現在完了——196
ビジネス英語に必須の文法6 仮定法——199
ビジネス英語に必須の文法7 強調——201
音声ダウンロードサービスについて——204

装丁●ヤマシタツトム

ファーストクラスの英会話

P A R T

1

電話編
20フレーズ

SITUATION 01 電話をかける時にいきなり

I would like to speak to Mr. Park.
パークさんとお話ししたいのですが

と非常識なことを言っていませんか？

日本語でもいきなり電話がつながった瞬間に、自己紹介もせずに自分の要件を話し始める人はいませんね？まず、自己紹介をすることが大前提です。もしも、相手の言った会社名がうまく聞き取れなかったら、まず確認しましょう。
Hello. Is this KBL Corporation?
もしもし、KBLコーポレーションでしょうか？
つないでいただく時の表現方法もいくつかありますので、いつも同じでなく変えてみてもよいですね。
May I talk to Mr. Park?
パークさんはいらっしゃいますか？
Is Mr. Park available?
パークさんはお手すきでしょうか？

FIRST CLASS EXPRESSION

This is Yuji Tanaka from Mitsutomo Trading.
I would like to speak to Mr. Park.
ミツトモトレーディングの田中裕二と申します。
パークさんをお願いいたします。

VARIATION

●電話をかける時の表現いろいろ

Is this number for the personnel division(HR)?
Have I reached the personnel division(HR)?
人事部はこの番号でしょうか？
人事部は HR(HUMAN RESOURCES) とも言います。

Could I speak with someone in the customer service department, please?
顧客サービス部門の方とお話ししたいのですが？

総務部 General Affairs Department
人事部 Personnel Department
経理部 General Accounting Department / Accountants' Department
営業部 Sales Department
開発部 Development Department
広報部 Public Relations Department
企画部 Planning Department
販売促進部 Sales Promotion Department
秘書室 Secretary Section

SITUATION 02

電話をいただいた相手にかけ直す時に「マーティンさんからお電話をいただいたようなのですが」と言いたくて

Maybe Mr. Martin called me.
多分、マーティンさん電話してきたよね

なんて、社会人として?になってしまうような言い方をしていませんか?

日本語にすると「多分」という一語で済まされてしまう「maybe, perhaps, probably」。きちんと使い分けましょう。

・maybe 実現可能性50%くらいかそれ以下
It may snow this evening.
今夜は雪がふるかもしれない。
・perhaps 実現可能性20%くらい
Perhaps, you made a mistake.
ひょっとすると間違えたかもしれないですね。
・probably 実現可能性90%くらい
He probably has watched the video.
彼は多分そのビデオを見てしまったと思います。

FIRST CLASS EXPRESSION

I'm returning a call from Mr. Martin.
マーティンさんからお電話をいただいたようなのですが。

I'm returning a call from~.「～さんからお電話をいただいたようです」という決まった言い方を覚えておきましょう。

VARIATION

●電話をかけ直す時の表現色々
・何度かかけ直す時には以下のように付け加えたほうが良いですね。

This is Patty Bell again. I called a minute ago.
度々申し訳ありません。先ほどお電話したパティ・ベルです。

I'm sorry. I know you are busy.
お忙しいところ申し訳ありません。

・知らない着信履歴の番号にかけ直す時には

I think I received a call from your number.
お電話をこちらの番号からいただいたようですが…。

Mr. Wilson told me to call at 5:00.
ウィルソンさんから5時に電話するように言われております。

I was told to call at 5:00. I'll call back later.
5時にお電話することになっていたのですが、また後でかけ直します。

SITUATION 03

電話した相手が不在のため「彼の携帯番号を教えていただけますか?」と言いたいのに

Please give me his cell number.
彼の携帯番号くれ!

なんて言っていませんか?

留守番電話だった場合のメッセージの残し方に慣れておくととても便利ですね。海外の方とお仕事やプライベートでお話しする機会の多い方は、携帯電話の留守番応答メッセージを日本語と英語の両方にしておくとよいです。

Hi, Mark. This is Seiya. I'm sorry, but I can't see you tomorrow. I have to go to Fukuoka on business. I'll be free all day this Friday.

こんにちはマーク。星也です。申し訳ないのですが、明日、お会いできなくなってしまいました。出張で福岡に行かなくてはなりません。今週金曜日だったら一日中空いています。

FIRST CLASS EXPRESSION

Could I have his cell number? / Could you give me his cell number?
彼の携帯番号を教えていただけますか？

Could you tell me his cell phone number? It's rather urgent.
彼の携帯番号を教えていただけますか？　少々、急ぎなのですが…。

VARIATION

●相手が不在の場合の表現いろいろ

When do you expect her back?
Do you know when she'll be back?
彼女はいつお戻りになりますか？
(**When do you expect ~ back?** は「〜さんはいつお戻りになりますか？」の決まった表現です)

I'll try to call her cell phone.
彼女の携帯にかけてみます。

I'll call again later.
また後ほどかけます。

I'll call her back tomorrow.
明日またおかけします。

Do you know when Ms.Kelly will be back from her business trip?
いつケリーさんは出張からお戻りになられるかご存知ですか？

SITUATION 04

電話した相手が不在のため、伝言を頼むのに「伝言をお願いできますでしょうか?」と言いたいのに

{ **Please have a message.**
伝言取ってくれ }

なんて意味不明な英語を話していませんか?

・知っていると便利な電話に関する用語
cellphone(アメリカ)mobile(イギリス)携帯電話
answering machine 留守電
telephone booth 電話ボックス
direct dialing ダイヤルイン
extension 内線
an outside line 外線電話
speed dialing 短縮ダイヤル
call waiting キャッチホン
toll-free number フリーダイヤル
private call 私用電話
local call 市内通話
area code 市外局番
crank call いたずら電話
no service 圏外

FIRST CLASS EXPRESSION

Could you take a message?
Could you give her a message?
伝言お願いできますか？

VARIATION

●伝言依頼の場合の表現いろいろ

Could you tell him that I called?
電話があったことを伝えていただけますか？

I'll call her later, but could you let her know I called?
後ほどかけますので電話があったことをお伝えくださいますか？

Could you have her call me when she gets back?
戻られましたらお電話くださるようにお伝えくださいますか？

Could you tell her to call my cell? Here's the number.
携帯電話にお電話くださるようにお伝えくださいますか？　電話番号を申し上げます。

I sent a fax, so could you tell her to check for it?
ファックスをお送りいたしましたので、ご確認くださいますようお伝えくださいますか？

Could you let her know the meeting has been canceled?
会議がキャンセルになったことをお伝えくださいますか？

SITUATION 05

取引先の方との待ち合わせに遅れてしまいそうなので「申し訳ありませんが、5分ほど遅刻してしまいます」と電話で言いたい時に

> **Sorry, I'll be late for 5 minutes.**
> ごめんね〜、5分間遅れるよ〜

なんて、非常識な言い方をしていませんか？

forは「期間」を表す時に使われる前置詞ですのでこの場合不適切ですね。
しかし、forは非常に大事な前置詞ですので、使い方をしっかりマスターしましょう。

・「〜のために」
I run every morning for exercise.
運動のために毎朝走ります。

・「〜を求めて」
You should hope for the best.
最善を期待したほうがいいですよ。

・「〜の代わりに」
I wrote a letter for him.
彼の代わりに手紙を書きました。

FIRST CLASS EXPRESSION

I'm so sorry, but I'll be about five minutes late.
申し訳ありませんが、5分ほど遅れてしまいます。

VARIATION

●代理で電話をかけた時やアポの取り方の表現いろいろ

My name is Eriko Hayashi, a secretary to the president at BLC. I'd like to speak to Mr. Lee.
BLC社の社長付秘書の林えり子と申します。リーさんをお願いできますでしょうか。

Mr. Cox had to leave in a hurry, so I'm calling for him.
コックスが急用で外出してしまいましたので、代わりに電話しております。

I'm making this phone call to you on behalf of Ms. Walker.
ウォーカーに代わってお電話しています。

You sent an e-mail to Ms. Walker. Could I talk to you about it for a moment?
ウォーカー宛にいただいたメールの件でお電話差し上げておりますが、今、少しお話しさせていただけますか？

When would be the best for you?
いつが一番ご都合がよろしいでしょうか。

When will you be available ?
いつがご都合よろしいでしょうか。

SITUATION 06

会社に電話して「今日は熱があるので休ませてください」と言いたいのに

{ I have a fever. I want to take a rest. 熱があるので、一休みさせてくれ！ }

なんて子供みたいな言い方をしていませんか？

・fever「(病気による)熱・発熱・熱病」を使った表現
a slight fever　微熱
a high fever　高熱
hay fever　花粉症
He is in bed with a fever.
彼は熱を出して寝ています。
She is suffering from acute hay fever.
彼女はひどい花粉症に悩まされています。
Feed a cold and starve a fever.
風邪には大食、熱には絶食（ことわざ）。

restは「休息・休憩する・静止する・（問題などが）そのままにされる」等という意味で、欠勤時にはふさわしくありません。

FIRST CLASS EXPRESSION

I have a high fever and need to take a day off today.
高熱があるので今日は休ませてください。

VARIATION

●会社に連絡する時の表現いろいろ

I'm calling in sick today.
本日病欠させていただきたく電話しております。

The train's stopped. I'll be about 20minutes late.
電車が止まってしまっていますので、20分ほど遅刻します。

I'll be there in the afternoon.
本日は午後から出社いたします。

I'll be heading back to the office now.
今からオフィスに戻ります。

I'll visit my client this afternoon and go home from there.
午後はお客様のところに行きそのまま帰宅いたします。

Could you transfer me to my manager?
この電話を課長に回してくださいますか？

Could you let me talk with Mr. Anderson?
アンダーソンさんに代わってもらえますか？

I would like to take a half day off this afternoon.
本日午後は半休をいただきたいと思います。

SITUATION 07

電話で「失礼ですが、どちらさまでしょうか?」と言いたいのに

> **Excuse me, who are you?**
> ごめんね〜あんた誰?

と、とてもビジネスにおいての電話対応と思えないような言い方をしていませんか?

電話を受ける時にはまず自分の社名と部署は名乗りましょう。

Good morning, JKP Sales Department.
おはようございます。JKP社、営業部です。

Thank you for calling. JKP Corporation, Saori Yamakawa speaking.
お電話ありがとうございます。JKP社の山川沙於里でございます。

I'm sorry to keep you waiting. Marketing, Arikawa speaking.
おまたせして申し訳ありません。マーケティング部の有川でございます。

FIRST CLASS EXPRESSION

I'm sorry, may I ask your name?
I'm sorry, may I have your name, please?
この他にも「あの、そちらさまは？」というような聞き方で **I'm sorry, you're…?** も使われます。

VARIATION

●確認したい時の表現いろいろ

I'm sorry I didn't quite catch your name.
すみません。お名前がよく聞き取れなかったのですが…。

Who should I say is calling?
どちらからの電話だとお伝えすればよいでしょうか。

Could I ask what company you are with?
社名をおうかがいしてもよろしいでしょうか。

Could I have your company name again?
会社名をもう一度お願いできますでしょうか？

Ms. Gutierrez? Did I pronounce your name correctly?
グティレス様ですね。お名前を正しく発音できておりましたでしょうか？

What can I do for you today?
本日はどういったご用件でしょうか？

How may I help you?
どういったご用件でしょうか？

SITUATION 08

電話でよく聞こえなかったので「申し訳ありません。よく聞こえないのですが…」と言いたくて

{ **Sorry, your voice is small.**
ごめん、あなたの声小さいよ }

なんて非礼な言い方をしていませんか？

名前の綴りを電話で伝えたり、確認する時に間違いの無いように、ネイティブはこんなふうに言います。覚えておくと便利です。

例：Arai→ A as in Alpha, R as in Rome, A as in Alpha, I as in India

A as in Alpha　B as in Bravo　C as in Charlie
D as in Delta　E as in Echo　F as in Foxtrot
G as in Golf　H as in Hotel　I as in India
J as in Juliet　K as in Kilo　L as in Lima
M as in Mike　N as in November　O as in Oscar
Q as in Quebec　S as in Sierra　U as in Uniform
W as in William　Y as in Yankee

FIRST CLASS EXPRESSION

I'm very sorry, it's hard to hear you.
申し訳ありません。よく聞こえないのですが…。

VARIATION

●電話で少し困った時の表現いろいろ

How do you spell your name, please?
お名前はどのように綴りますか？

R-I-V-E-R-A, it's R as in Romeo?
リヴェラはロメオのRでよいでしょうか？

Could you speak a little slower?
もう少しゆっくり話していただけますでしょうか？

Could you speak up a little?
もう少し大きな声でお話しいただけますでしょうか？

Could you repeat that, please?
もう一度繰り返していただけますでしょうか？

I think we have a bad connection.
電波が悪いようですが…。

It's a bad line. Could you let me call you back in five minutes?
回線が悪いので、5分後にかけ直してよろしいでしょうか？

Do you have someone there who speaks Japanese?
日本語のできる方はいらっしゃいますでしょうか？

SITUATION 09

電話の相手に「山田はあいにく外出しております」と言いたいのに

{ **Mr. Yamada is out now.**
山田は外出してます }

とぶっきらぼうに言っていませんか？

・電話の相手をお待たせする時のフレーズ
Just one moment, please.
Hold the line, please.
Please hold on.
Please wait just a second.
少々お待ちください。
May I put you on hold, please?
少々お待ちいただけますでしょうか？
I need to put you on hold.
いったん保留にさせていただきます。
I'm sorry, but could you hold on a second?
申し訳ありませんが、少しお待ちいただけますでしょうか？

FIRST CLASS EXPRESSION

I'm afraid that Mr.Yamada is not in the office right now.
あいにく山田は外出しております。
I'm afraid that~. は「あいにく〜です」という決まった表現で、相手に対して申し訳なさが伝わります。

VARIATION

●不在を伝える時の表現いろいろ
I'm sorry, but there is no Yamashita here.
山下という者はおりませんが…。
Mr. Cook is off today.
本日、クックはお休みをいただいておりますが…。
I'm afraid he is in a meeting right now.
あいにく彼は会議中です。
I'm afraid Ms. Morgan will be out of town on business until July 7.
あいにくモーガンは7月7日まで出張に出ております。
We expect her back at 5:00.
彼女は5時には戻る予定になっております。
I'm afraid he is busy at the moment.
あいにく彼は只今取り込んでおります。
I'm afraid he is on another line.
彼は今、他の電話にでております。

SITUATION 10

電話で「伝言をうけたまわりましょうか?」と言いたいのに

Do you want to leave a message?
伝言残したいの?

と、幼稚な言い方をしていませんか?

・希望する相手が不在であることを伝えた後に使えるフレーズ

Would you like her to call you back?
折り返し電話をさせましょうか?

I'll let her know you called.
お電話があったことをお伝えいたします。

I'll have her call you back as soon as possible.
できるだけ早く彼女に折り返し電話するよう伝えます。

Until what time can she call you?
何時までならば彼女から電話させてもよろしいでしょうか?

How late can he call you?
どのくらい遅くまでなら彼から電話してもよろしいでしょうか?

FIRST CLASS EXPRESSION

Would you like to leave a message?
May I take a message?
ご伝言はございますか？

VARIATION

●伝言を受ける時とかけ直してもらう時の表現いろいろ

Could I have your name and phone number?
お名前と電話番号を教えていただけますでしょうか？

Please let me repeat that.
復唱させてください。

September 6 at 5:00. Would that be right?
9月6日5時でよろしいでしょうか？

Could you call back later?
後でかけ直していただけますでしょうか？

Could you call again tomorrow?
明日もう一度お電話をいただけますでしょうか？

Would you call back in an hour?
1時間後にもう一度お電話をいただけますでしょうか？

The meeting will last another thirty minutes, so would you mind calling back after 2:00?
会議があと30分ほどかかりますので、2時過ぎにもう一度お電話をいただいてもよろしいでしょうか？

It would be good if you could call at 4:30.
4時半にお電話いただけますと助かります。

SITUATION 11

電話を切る時に「申し訳ありませんが、そろそろ電話を切らなくてはいけません」と言いたいのに

{ **I'm sorry, I must hang up now.**
申し訳ありません。絶対に電話を今切らなくてはいけないんです }

と、ちょっとニュアンスの違う言い方をしていませんか？

・携帯電話で電話を受けた時に使えるフレーズ
I'm on the train now. Could I call you when I get off?
今、電車の中なので、下車してから折り返してもよろしいでしょうか？
My battery is nearly out.
My battery's almost dead.
電池がなくなりそうです。
Are you still there?
聞こえますか？
I'm going into a tunnel, so let me call you back later.
トンネルに入りますので、後でかけ直させてください。

FIRST CLASS EXPRESSION

I'm sorry, but I have to hang up now.
申し訳ございませんが、そろそろ電話を切らなくてはいけません。

I'm afraid I need to be going now.
すみませんが、そろそろ行かなくてはなりません。

VARIATION

●電話を切る時の表現いろいろ

Thank you for calling.
お電話ありがとうございました。

I'm afraid I have to excuse myself. Something just came up.
申し訳ありませんが急な用が入りまして、席を立たなくてはなりません。

I'm glad to talk with you.
お話しできてよかったです。

Okay, I'll send you an e-mail later.
それでは後ほどメールをお送りいたします。

Well, talk to you later.
では、また後ほど。

I'm sorry to bother you during work.
お仕事中、失礼いたしました。

I know you are busy, so I'd better let you go now.
お忙しいと思いますので、そろそろ失礼いたします。

SITUATION 12

久しぶりに電話で話す相手が

{ **How is everything?**
どうですか? }

と聞いてきてくれたのに
「I'm fine.(元気です)」だけですか?

これまでインタビューや対談でもお話ししましたが、「スモールトーク」が日本人は得意でない人が多いようです。用件に入る前に、是非、ちょっとした会話の交換をしてください。

・様子を尋ねる
How are you?　調子はいかがですか?
How are you doing?　調子はいかがですか?
What are you up to?　最近どうですか?
What have you been doing?　最近いかがでしたか?

・応え方
Wonderful. How are you?
とってもよいですよ。あなたはどうですか?
Pretty good. How about you?
とってもいいですよ。あなたはどうですか?

FIRST CLASS EXPRESSION

Everything's the same here.
こちらは相変わらずですよ。

VARIATION

●電話の相手との話し始めの表現いろいろ

I'm sorry for calling this early in the morning.
こんな早朝にお電話して申し訳ございません。

Could I talk with you now?
今、お話しできますでしょうか？

Do you have a minute now?
今、少しお時間いただけますでしょうか？

Is it good time for you?
今、大丈夫でしょうか？

Thank you for the other day.
先日はありがとうございました。

I'm sorry for the other day.
先日は失礼いたしました。

How's your business?
景気はいかがですか？

So far, this year has been good.
今までのところ、今年は良いですね。

Just so-so.
まあまあというところです。

SITUATION 13

初めて電話する相手に「パンフレットを拝見してお電話させていただいております」と言いたいのに

> **I looked at your pamphlet and called you.**
> パンフレットを見ました。そして電話しました

と、子供が話すような英語を話していませんか?

「営業の電話をしたはずなのに、相手の話を長時間聞かされた…でも、結局"聞き上手"が幸いしてアポが取れた!」などという話はよく聞きます。
聞き上手はあいづち上手です。ぜひ、いろいろなあいづち表現を覚えておきましょう。
I believe so. そう確信しています。
I think so. そう思います。
I hope so. そうだといいのですが…。
I guess so. そうだと思いますが…。
Indeed. いかにも。
Exactly. その通り。

FIRST CLASS EXPRESSION

I got your number from your pamphlet.
パンフレットを拝見してお電話させていただいております。

VARIATION

●初めて電話する相手への表現いろいろ

My name is Yuko Maeda and I'm calling for the first time.
前田優子と申しまして、初めてお電話させていただいております。

Could I speak to the person in charge?
担当者の方とお話ししたいのですが…。

Could you connect me to the accounting department?
経理部をお願いしたいのですが…。

Mr. Allen at Ruro Corporation introduced me.
ルロ社のアレン氏からのご紹介でお電話させていただいております。

I am calling you regarding the brochure your company distributed.
御社が配布したパンフレットに関して伺いたくお電話いたしております。

I'm returning your call from the message you left on my voicemail.
こちらの留守番電話に残されたメッセージをお聞きして、折り返しお電話させていただいております。

SITUATION 14

間違い電話をしてしまった時に「申し訳ありません。番号を間違えたようです」と言いたくて

{ **I'm sorry. I pushed the wrong number.**
申し訳ありません。間違った番号を押してしまいました }

と、ちょっと違う英語を使っていませんか?

しつこいセールスの電話や、営業目当ての上司への取次要求には困りますね。こういう電話にも英語で対応できるようにしましょう。
Our manager is not available now.
部長は只今電話に出ることができません。
She said she doesn't need this kind of phone call.
こういったお電話はご遠慮したいと言っております。
We are not interested.
興味がございません。
Our company does not need those kinds of services.
当社ではそういったサービスは必要ございません。

FIRST CLASS EXPRESSION

I'm sorry, I've reached the wrong number.
I'm sorry, I've dialed the wrong number.
申し訳ありません。番号を間違えました。
I must have dialed the wrong number.
番号を間違えてしまったようです。

VARIATION

●間違い電話に関する表現いろいろ

Could I ask you what company you are calling?
どちらの会社におかけでしょうか?

Is this 435-9989?
そちらは435-9989でしょうか?

You must have the wrong number.
番号をお間違えのようです。

You should check the number and call again.
番号をお調べになっておかけ直しください。

I'm afraid there is no one here by that name.
そのような名前のものはおりませんが…。

I'm afraid no one here is named Turner.
ターナーという名前のものはおりませんが…。

The number is correct, but this isn't Morgan Corporation.
番号は合っておりますが、こちらはモーガンコーポレーションではございません。

SITUATION 15

ホテルに予約を入れるのに「9月15日から3泊で予約を入れたいのですが…」と言いたくて

I'd like to reserve for three nights from September 15.

と少し違う表現をしていませんか？

インターネットの普及で、航空会社にリコンファームの電話を入れなくて良くなったので、随分便利になりましたが、それでも変更や特別な依頼など、インターネットが使えない場合には電話で話さなくてはならないことも、まだ発生します。
そういったケースにも備えておきましょう。
I'm sorry , but I have to change my return date.
申し訳ありませんが、帰国日を変更しなくてはならないのです。
I was scheduled to leave Paris for New York on October 1. Could I change the date to October 5?
10月1日にパリからニューヨーク行きを予定していました。これを10月5日に変更したいのですが…。
I need a round-trip ticket to San Francisco, business class.
サンフランシスコ行きのビジネスクラスを往復でお願いしたいです。

FIRST CLASS EXPRESSION

I'd like to make a reservation for three nights from September 15.
9月15日から3泊で予約を入れたいのですが…。
通常「予約を入れる」は **make a reservation** です。
reserve にも「予約する」という意味がありますが、この動詞は後ろに目的語を入れて使ってください。
例：**Could you reserve a table for three tonight?**
3人分の席を予約してくださいますか？

VARIATION

●ホテルやレストランの予約に関する表現いろいろ

Is there a charge for cancelling or changing our reservation?
予約のキャンセルや変更にかかる費用はありますか？

Do you have Internet connection?
インターネット接続はありますか？

I'd like to make a reservation for 5 tomorrow at 6:00. Would that be all right?
明日の6時から5人で予約を入れたいのですが、大丈夫でしょうか？

Could we sit in a non-smoking section?
禁煙席をお願いできますでしょうか？

Do you have a course for vegetarians?
ベジタリアン向けのコースはありますか？

SITUATION 16

電話で打ち合わせの場所を決めるのに「神谷町駅のA7出口でお待ちしております」と言いたいのに

{ **I'll wait in A7 exit of Kamiyacho Station.**
神谷町駅のA7出口の中で待ってます }

と言っていませんか?

前置詞の使い方はとても大事ですが、生徒さん方を見ていると正しい使い方ができていない方が多いです。イメージと感覚で覚えるとよいですよ。

1. onのイメージは「接触」、物の表面に接しているイメージです
a picture on the wall　壁にかかっている絵

2. outのイメージは「内から外」
Out to lunch.　食事に出ています（メモなどで使用する言い方）

3. inのイメージは「内包」、ある空間の「中」をイメージしてください
I read about it in the newspaper.
新聞の中でそれについて読みましたよ。

FIRST CLASS EXPRESSION

I'll be waiting for you at the A7 exit of Kamiyacho Station.
神谷町駅の**A7**出口でお待ちしております。

VARIATION

●待ち合わせに関する表現いろいろ

How about sometime next week?
来週のいつかではいかがでしょうか？

How about Friday at 2:00?
金曜日の**2**時ではいかがでしょうか？

Monday would be the best day for me.
月曜日ですと都合が良いのですが…。

Where would be a good place for you to meet?
ご都合のよい場所はどちらでしょうか？

I can go to your office.
私がそちらに伺うこともできますが…。

If it's possible, I would like to meet you at my office.
もし可能でしたら、私のオフィスでお目にかかりたいのですが…。

Do you think you could come to my office?
私のオフィスまでいらしていただくことはできますでしょうか？

SITUATION 17

電話会議で「御社の見積もりについて詳細を話し合いたいと思います」と言いたくて

{ **I want to talk about the details of your estimate.**
御社の見積もりについて話したいんだよ～ }

と、会議にはふさわしくない言い方をしていませんか？

> 電話会議をスムーズに行うためには、事前に全員に会議の進行のためのルールを理解しておいてもらう必要があります。
>
> ・State the objective of the meeting.
> 会議の目的をはっきりと述べる
>
> ・Answer all questions.
> 質問にはすべて答えること
>
> ・Don't interrupt while another person is speaking.
> 他の人が話している時には邪魔をしない
>
> ・Hold your question until Q&A.
> 質疑応答の時間までは質問は待つ

FIRST CLASS EXPRESSION

We'd like to discuss the details of your estimate.
御社の見積もりについて詳細を話し合いたいと思います。

discuss 「議論する・相談する・討議する」

We have to discuss what should be done.
どうしたらいいかを話し合わなくてはならない。

VARIATION

●電話会議での開始時の表現いろいろ

Could I begin by stating our agenda for today?
今日の議事項目を述べて始めさせていただいてよろしいでしょうか？

Today we are going to hear reports from your sections, and discuss the marketing plan for the first half of the year.
本日はあなた方の部門からの報告を聞き、上半期のマーケティング計画について話し合いたいと思います。

Is Mr. Moore here?
ムーアさんはいらっしゃいますか？

I'm only available for the first 40 minutes.
最初の40分しか出席できません。

We will have 20 minutes for Q&A at the end of the meeting.
会議の最後に20分間の質疑応答の時間を取ります。

SITUATION 18

電話会議で決定したことについて「合意文書を作成しましょう」と言いたいのに

$$\left\{ \text{Let's make our agreement.} \right\}$$

と、少し表現を間違えて言っていませんか?

agreementはビジネスにおいて頻出単語です。
agreement「協定・契約・合意・一致・調和・契約書」
We are going to announce an agreement tomorrow.
明日合意を発表する予定です。
This agreement will expire three years from now.
この協定は3年後に期限切れとなります。
We weren't at all in agreement on this point.
この点では全然一致していませんでした。
have an agreement that~
~という協定を結ぶ
break the agreement
協定を破る

FIRST CLASS EXPRESSION

Let's draw up our agreement.
合意文書を作成しましょう。
draw up (文書・リストなどを)作成する
We should draw up a formal contract.
正式な契約書を作成したほうが良いです。

VARIATION

●電話会議での合意や契約書の確認時の表現いろいろ

OK. Let's close the deal.
では、これで手を打ちましょう。

We reached an agreement on contract terms.
契約の条件について合意に達しましたね。

Here's what we've agreed to.
合意した内容は以下のとおりです。

Could I reconfirm our points of agreement?
合意した点についての再確認をさせていただけますか?

I would like to exchange a written agreement.
合意を書面で取り交わしたく思います。

Could I make a contract?
契約書を作成させていただいてよいでしょうか?

Let's keep a copy of the signed document.
署名済の契約書のコピーをとっておきましょう。

Could you approve the agreement?
この協定を承諾していただけますか?

SITUATION 19

電話会議の終了時に「話し合う項目がこれ以上ないようでしたら、本日はこのへんで終了といたしましょう」と言いたいのに

> **If we don't need to talk any more, we will finish this meeting.**
>
> もはやこれ以上話し合う必要がないのなら、この会議は終わりにしましょう

と、ちょっとスッキリしない言い方をしていませんか？

・電話会議でよく使われる表現
Who is on the call?　現在お話しされている方はどなたですか？
Who just joined?　今、参加されたのはどなたですか？
Can you hear me?　私の声が聞こえていますか？
Could you speak up?　もう少し大きな声で話していただけますか？

FIRST CLASS EXPRESSION

If there aren't any items to discuss, let's call it a day.
If there are no items to discuss, let's close our meeting.
話し合う項目がないようでしたら、本日はこのへんで終了といたしましょう。
call it a day その日の仕事を終える
Let's call it a day. 今日はこれまでにしよう。

VARIATION

●電話会議を終える時に使う表現いろいろ

I think we should decide a date for the next meeting.
次回の会議の日程を決めたほうが良いと思います。

When is it convenient for you?
いつがご都合よろしいでしょうか？

Is next Wednesday OK with you?
来週の水曜日は大丈夫でしょうか？

I'm sorry, but I have a previous appointment on that date.
申し訳ないです。その日には先約が入っております。

Could you let me know a few candidate dates for our next meeting?
次の会議の候補日を二、三教えていただけますでしょうか？

SITUATION 20

テレビ電話会議でプレゼンをする時に「私のプレゼンはおおよそ45分かかります」と言いたいのに

> **It takes 45 minutes to show you my presentation.**
> 私のプレゼンテーションを
> ご披露するのに45分かかります

と不自然な言い方をしていませんか？

電話会議よりはテレビ電話でのほうが、まだ顔が見えて気が楽かもしれません。それでも、プレゼンとなると緊張もしますね。プレゼンでは進行の上で頻繁に使われる表現を覚えておくと、あとは内容に集中できるので便利だと思います。

You can ask me questions at any time.
いつでも質問していただいて結構です。
I will have a Q&A session at the end of this presentation.
質疑応答の時間をこのプレゼンの最後に予定いたしております。

FIRST CLASS EXPRESSION

My presentation will last about 45 minutes.
私のプレゼンは大体45分かかります。

V A R I A T I O N

●テレビ電話でのプレゼン進行中の時に使う表現いろいろ

Could you hear me in the back?
後方にお座りの方、聞こえますでしょうか？

Could you turn off your cell phones?
携帯電話をオフにしていただけますか？

The first point of my presentation is this.
最初の私のプレゼンのポイントはここです。

Now, I'll move on to my next point.
さて、つぎのポイントに移らせていただきます。

Could you take a look at this chart?
このチャートをご覧いただけますか？

Now, we'll have a Q&A session.
今からQ&Aセッションを始めます。

That's a tough question to answer.
それはとても回答に困る質問ですね。

Did I make myself clear?
お分かりになりましたでしょうか？

I think I answered it already.
それについてはすでにお答えしたと思います。

COLUMN 1

これだから
オーナー企業
って……?!

社内公用語英語化がされた企業様で 40 代の役員の方にレッスンを開始してまもなく、「"should" には実際は中学校で習ったような "〜すべきである" という強いニュアンスはなくて、ネイティブは "〜したほうがいいですよ" という程度の軽い提案を表したい時に使っているのですが…」と助動詞についての再確認をさせていただいた時のことです。生徒さんが「だからだったのかー!!」と大声で机を叩く勢いでご納得されました。しかも何度も何度も…。

この方の会社は社内公用語が英語ですので、もちろん会議も英語で進行されます。社長様と近い場所で指示を受ける立場のその方は、毎回社長様が「You should…」と言ってくるので「なんでいつも社長は"〜しろ"って命令調なんだ。もっと違う言い方あるだろうに…オーナー企業って、これだから嫌だよな〜」と長い間ずっと思っていたそうなのです。それが実は社長様は「〜したほうがいいんじゃない？」と言う感じで言っていたのだと分かり、何年分かの不快感のかたまりが大笑いに転じたのです。

「知らないって怖いことだなー」と、何度も繰り返しおっしゃっていました。

この should については現実的な使われ方をよくご存じない方の多いことが、英語講師になって一番驚いたことかもしれません。そして「had better」が逆に「〜すべきだ」というニュアンスの強い言い方（そのアドバイスに従わないと危険や問題が起きるであろう時に使う）であることも、ご存じない方が多かったです。

とても品のある温和なベンチャー企業の社長様のレッスンの時（かなり英会話ができる方でした）、"最近観た面白い映画"について英語でお話ししていた時に、社長様が「The latest "007" is a fabulous movie. You had better see it."」（最新の 007 は素晴らしい映画

ですよ。あなたは観に行くべきです。さもないと…）とごく当たり前のようにおっしゃったのにも、かなり驚きました。その社長様に「had better」の「脅し的な感じ」をお教えしたら、「いやー、もう何百回も外国人との会話で使ってしまったよ。そのたびに嫌なオーナー社長だと思われていたんだな…」とかなり落胆されたご様子でした。

確かに、そんなに頻繁に使われていたのなら、外国人の方からの印象は決して私の知る温和な品のある社長様ではなかったことでしょう。（苦笑）

たった1、2語なのに、知らないということは本当に恐ろしいことでもありますね。

オーナー企業の社長様方、大丈夫でしょうか？

ファーストクラスの英会話

PART

2

メール編
20フレーズ

SITUATION 01

それほど親しいわけでもなく、日本に関係の深い仕事をしているわけでもない相手へのビジネスメールで

> **It's cherry-blossom season in Tokyo. It reminds me...**
> 東京は桜の季節です。
> …を思い出します

などと書いてネイティブに「不思議な日本人」と思われていませんか？

英文メールでは、季節の挨拶を入れる必要はありません。どうしても日本人はこのような季節の挨拶や、日本語のメールで使われる「いつもお世話になっております」や「先日はどうもありがとうございました」を英語に変換して入れたがりますが、逆にこれは相手に不自然な印象を与えます。不要な前置きはできるだけ避けましょう。

FIRST CLASS EXPRESSION

英文メールでは要件を先に書きます。

Hi, Mary, メアリーさん
Thank you for the sample. We liked it.
サンプルをありがとうございました。好評でした。

VARIATION

Dear Ms. White……フォーマルなメールでの起句
Dear Eric……フォーマル度は高くない、Eメールでの起句
Hi, Eric……日常的にEメールで用いられる起句
※ **Dear Ms./Mr.** ＋名字を使うのは1回目のメールだけと思ってよいです。2回目以降も使い続けるとよそよそしい印象を与えます。また、この場合には必ず名字を続けてください。名前を続けるのはこれまた不自然です。
Dear Sir/Madam……ご担当者様（相手の性別が分からない、1人の場合）
Dear Sirs/Madams……ご担当者様（相手の性別が分からない、複数人数）
To whom it may concern……関係者各位

SITUATION 02

「御社とお仕事をさせていただけることを楽しみにしております」と言いたいのに

> **I am really honored to have the great chance of working with your company.**
>
> 御社と一緒にお仕事させていただく素晴らしいチャンスをいただき、誠に光栄に存じます

と、妙に仰々しい表現をしていませんか?

> 英文メールでは過度な丁寧さや過剰な謙遜(けんそん)は嫌われます。逆にこちらがクライアントであっても尊大な態度は厳禁です。英語でビジネスを行う上では、お互いの立場が対等であることが大前提です。ですので、上記の I am really honored to はとても堅苦しい表現となります。また、chanceは「見込み・可能性」という日本語の意味の通り、仕事の機会という意味においては向いていない単語です。

FIRST CLASS EXPRESSION

I am very looking forward to the opportunity to work with you.
御社とお仕事させていただけることを楽しみにしております。

VARIATION

正式な招待状やお悔やみ状でもないのに、極端にへりくだった表現や、逆に尊大な表現、なにかにつけて **sorry** を用いるのはやめたほうが良いでしょう。

× **We are very sorry to ask you to send us the paper again.**
もう一度書類を送っていただくお手間をおかけすることをお許しください。
○ **We would appreciate it if you could send us the paper again.**
もう一度書類を送っていただけると幸いです。

× **I can't approve this document without your signature.**
あなたの署名がないとこの書類は承認できません。
○ **I need your signature to approve this document.**
この書類を承認するためにはあなたの署名が必要なのです。

SITUATION 03

件名で「重要」だということを言いたくて

{ **URGENT!**
緊急事態発生！（怒鳴り口調） }

と書き、しかも迷惑メールと間違われて結局相手先に届かないようなドジなことをしていませんか？

> 件名は内容がすぐに分かるように具体的に書くことが大前提です。
> 上記の他に About meeting や important 等分かりにくい表現は適しません。長い件名も避けましょう。また、すべてを大文字で書いてしまうと、相手先には怒られているような印象を与えてしまいます。また、「!」マークですが、これがあるとソフトが迷惑メールと間違えて、自動的に削除フォルダーに入れられてしまう可能性が高いです。
> 迷惑メールと間違われやすい件名
> Hello　　Information　　Important information
> New product　　Next step　　Please confirm
> Last notice　　Long time　　Good news

FIRST CLASS EXPRESSION

[Important]Next month meeting to discuss the quality.
[重要]品質について議論する来月のミーティング。
重要は必ず［　］の中に入れるようにしましょう。

VARIATION

良い件名の例

Inquiry about new products　新商品に関する問い合わせ

Unpaid Bill (Invoice No.101)　不渡り手形（送り状番号**101**）に関して

Purchase order for item 230-11　商品番号**230-11**の発注書に関して

Request for your latest catalogue　最新カタログ依頼について

Product Shipment for Order No.13　注文**No.13**の発送について

Question about your new price　新価格についての質問

Project Meeting on Mar 5th　3月5日のプロジェクト会議について

Request for Estimate　見積もり依頼に関して

SITUATION 04

「残念ながら御社とのお取引を継続できないという決定にいたりました」と言いたいのに

> **I'm afraid to tell you that we decided that we won't continue to deal with you.**
>
> 御社とのお取引を継続しないと決定いたしましたことをお伝えするのが恐ろしいです

なんて、なんだか妙な表現をしていませんか?

I'm afraid to tell you that…はどちらかというと「怖くて伝えられない」というニュアンスになってしまいますので、I'm afraid that…にしたほうが自然です。また、won't を使う時には注意が必要です。単独で使うと「…しようとはしない」、「どうしても嫌だ」というニュアンスになってしまい、取引先から反感を買ってしまいます。

FIRST CLASS EXPRESSION

I'm afraid that we decided we won't be able to continue to deal with you.
残念ながら御社とのお取引を継続できないという決定にいたりました。

I wish I didn't have to say this, but we decided to end the deal with you.
申し上げるのは心苦しいのですが、当社は御社とのお取引を終了することを決定いたしました。

どちらを使っても残念な気持ちを伝えられます。
won't be able to…の表現は「そうしたいけれどできない」という気持ちの表現によく使われます。

VARIATION

I'm afraid I have to let you know that we won't be able to renew the contract with you.
残念ながら御社との契約更新ができないことをお伝えしなくてはなりません。

I am sorry to inform you that we don't offer discounts for our items.
残念ながら弊社は商品の御値引きをしていないことをお知らせいたします。

Unfortunately, we won't be able to meet the deadline.
残念ながら期限には間に合わないです。

SITUATION 05

「サンプルを送っていただきありがとうございました。好評でしたので、コンピューターデスクと椅子60台のお見積もりをお願いいたします」と言いたいのに

> I really appreciate you sending the samples. They were popular. We would like to ask you to quote my company 60 computer desks and chairs.

サンプルをお送りいただきまして誠に感謝しております。それらは人気でしたので、私達の会社に60台のコンピューターデスクと椅子を見積もっていただきたく思います

と、妙に丁寧すぎたり、意味のおかしい表現をしていませんか？

FIRST CLASS EXPRESSION

Thank you for sending the samples. We liked them a lot. We would like to ask you to give us a quote for 60 computer desks and chairs.

サンプルを送っていただきありがとうございました。好評でした。コンピューターデスクと椅子60台のお見積書をお願いいたします。

VARIATION

Thank you for the samples. We like them so much. So we would like to place an order these two items.
Computer desk ×60
Computer chair ×60
Could you send us a quote?

サンプルをありがとうございました。好評でしたので、これら2つのアイテムに関して発注させていただきたいと思っております。お見積書を送っていただけますでしょうか？

quote＝estimate 「見積もる（動詞）・見積書（名詞）」

I can give you a rough estimate for the budget.
予算の大まかな見積もりはお渡しできます。

SITUATION 06

「お見積書をありがとうございました。大口での発注に対する御値引きはございますか？ 本注文に関しまして10%の御値引きをお願いできませんでしょうか?」と言いたくて

> **Thank you for your estimate. Do you have a discount for a large order?**
> **If it's possible, could you give us a discount of 10 percent?**

といろいろな部分で、なんともしっくりこない聞き方をしていませんか？

確かに「大口注文」は a large order なのですが、ビジネスでは「bulk discount」で「大口注文に対する値引き」という表現のほうが好まれて使われます。bulk「大量の（形容詞）・大部分（名詞）」を覚えておくと便利ですね。また、10%ディスカウントはそのまま「10% discount」のほうが自然な言い方です。

FIRST CLASS EXPRESSION

Thank you for your estimate. We were wondering if you could give us a discount on a bulk order. We would like to ask if a 10% discount is possible on this order.

お見積書をありがとうございました。大口の発注に関して御値引きはされていらっしゃいますか？ また、本注文に関して10%の御値引きをお願いできませんでしょうか？

VARIATION

やわらかな依頼のフレーズ集
・〜していただけないかと思います

I wonder if you could send it by e-mail.
それをメールで送っていただけないかと思います。
・〜をお願いできないかと思います

I wonder if I could ask you to do this by tomorrow.
明日までにこれをしていただけないかと思います。
・〜していただければと思います。

I hope you will be able to check this paper.
この書類をチェックしていただければと思います。
・もし可能でしたら〜していただけるでしょうか？

If you can, would you wait until next month?
もし可能でしたら来月までお待ちいただけますでしょうか？

SITUATION 07

値引きの要求を受け入れる時
「御社の9月13日のご注文について、現金にて前払いいただけるのでしたら、15%の値引きをさせていただきます」と言いたくて

> **We are able to discount you 15% on your September 13 offer in return for cash payment in advance.**
>
> 御社の9月13日のご注文について、現金にて前払いしていただけるのでしたら、15%の軽視をさせていただきます

と「大丈夫ですか?」と言われてしまいそうなミスをしていませんか?

discount の使い方ですが、人や能力などをすぐ後にもってくると、「〜を軽視する、見下す」という意味になってしまいます。

FIRST CLASS EXPRESSION

We are ready to offer you a 15% discount on your September 13th offer in return for cash payment in advance.

御社の9月13日のご注文について現金にて前払いいただけるのでしたら、15%の値引きをさせていただきます。

VARIATION

Could you understand that this discount is for this order only?

値引きは今回の注文のみに適用されますことをご理解いただけますか？

We would like to give you a 3% discount when payment is made within 5 days of your receipt of the items.

商品が到着後5日以内にお支払いくださいましたら、3%の値引きを適用させていただきたく思います。

We discount orders exceeding $3000 by 5%, and 10% for orders over $5000.

3000ドルを超えるご注文につき5%、5000ドルを超えるご注文につき10%の値引きをさせていただいております。

Please let us know if you are interested in this offer.

ご検討ください。

SITUATION 08

値引きを拒否する時
「残念ながらご注文いただいたこの商品に関しましては、値引きを行うことができません」と言いたくて

> **I'm afraid that we cannot offer you a discount on this item you ordered.**

残念ながらご注文いただいたこの商品に関しましては、値引きを行うことはできないんですっ!

とぶっきらぼうな言い方をしていませんか?

we cannot は「〜できないです!」と強く否定するような言い方です。can't にすると少しやわらかくなりますが、これもただ単に「できません」という事実だけを伝えている印象を受けます。ビジネスでは相手との関係を良好に保つためにも、「そうしたいけれどもできなくて残念だ」という気持ちを伝える「be unable to」か「not be able to」を使うほうが良いでしょう。

FIRST CLASS EXPRESSION

I'm afraid that we will be unable to offer you a discount on this item you ordered.
残念ながらご注文いただいたこの商品に関しましては、値引きを行うことができません。

VARIATION

I'm afraid this is the best we can offer.
残念ながらこれ以上の値引きはできかねます。

We are confident that our price is the most competitive in the market.
弊社の価格は市場において最も高い競争力を持っていると思っております。

I'm afraid that we don't offer discounts on our items.
弊社の商品は、残念ながら値引きは行なっておりません。

We hope that you can appreciate our position.
弊社の立場をご理解いただきたいと存じます。

Please let us know if you have any questions.
何かご質問があればおしらせくださいませ。

We are unable to give a discount to retail stores.
小売店にも割引はいたしておりません。

SITUATION 09

取引の条件提示時
「弊社とのお取引条件を手短に説明させていただきたく思います」と言いたくて

We would like to give you a simple explanation of the period and condition for an account with us.

弊社とのお取引の簡単な条件と期間を説明させていただきたく思います

と、なんとなく意味の通らない言い方をしていませんか?

ビジネスメールにおいてかなり大事な部分を占める取引条件。間違えないようにするのはもちろんのこと、ビジネス用語をきちんと使うことも大事です。「取引諸条件」は「the terms and conditions」と表現します。

FIRST CLASS EXPRESSION

We would like to explain the terms and conditions for an account with us briefly.
弊社とのお取引条件を手短に説明させていただきたく思います。

VARIATION

●契約書に関する表現いろいろ
Effective date 施行期日
Breach of confidentiality 秘密保持の違反
Conflict of interests 利益相反
Interpretation 解釈
Performance 履行　**Non-performance** 不履行
Breach, Violation 違反　**Infringement** 侵害
Party concerned 当事者
Expiration of term 期間の満了
General provisions 総則　**Definitions** 定義
Individual contract 個別契約
Payment 支払条件　**Inspections** 検査
Confidentiality 秘密保持
Term of agreement 契約期間
Termination 契約の終了　**Notice** 通知
Damages 損害賠償　**Assignment** 契約の譲渡
Amendment 契約の変更
Entire Agreement 完全合意
Duty to Cooperate 協力義務　**Consultation** 協議

SITUATION 10

発注のメールで
「御社の製品を下記の通り注文した
く思います」と言いたくて

{ **We would like to order your products below.**
下段に御社の製品を
注文いたしたく思います }

と、変な言い方をしていませんか？

---

below は「下へ・低い所へ・下部に・下段に」という意味で使われ、「下記の通り」という意味では使われません。
Please don't write below this line.
この線より下には書かないでください。
His work was well below average.
彼の仕事は平均以下でした。
「下記の通り」は「as follows」という決まった言い方があります。
この下に箇条書きで注文品目と個数を書くのが標準的な書き方です。

FIRST CLASS EXPRESSION

We would like to order your products as follows.
NA460×300
NF800×200
御社の製品を下記の通り注文したく思います。
NA460×300個
NF800×200個

VARIATION

●発注・受注に関する表現いろいろ

We would like to proceed with the order.
お見積書の通り発注させていただきます。

If it is not too late, we would like to cancel our TG210 order.
手遅れでなければ**TG210**をキャンセルしたいのですが…。

Could you let me know the total cost of this revised order?
訂正後の注文の合計金額を教えてくださいますか？

Thank you for your order dated July 13, 2013.
2013年7月13日付けのご注文ありがとうございます。

We will revise the quote and send it to you immediately.
すぐに見積書の訂正版をお送りいたします。

SITUATION 01

苦情メールで
「GT200の半分以上のスイッチに欠陥があります」と言いたくて

$$\left\{ \begin{array}{c} \textbf{The switches on} \\ \textbf{beyond half of GT200} \\ \textbf{are defective.} \end{array} \right\}$$

と、ふさわしくない単語を使っていませんか？

beyond は「(場所) ～を越えて、(時間) ～を過ぎて、(人より) 優れて」という意味で、この場合の半数以上の「以上」で使うのは相応しくありません。
以下のように使います。
His office is just beyond that police station.
彼のオフィスはあの警察署のすぐ向こうにあります。
They will stay beyond midnight.
彼らは真夜中過ぎまで外にいるでしょう。
He made the success beyond our expectations.
彼は予想外の大成功を収めた。
defective「欠陥のある・不備な・欠ける」は必ず覚えておきましょう。
We should complain over defective goods.
不良品には苦情を言うべきです。

FIRST CLASS EXPRESSION

The switches on over half of GT200 are defective.
GT200の半分以上のスイッチに欠陥があります。

VARIATION

●苦情に関する表現いろいろ

We received our order, however, 15 pieces of GT200 were missing.
注文商品を受け取りましたが、GT200は15個足りないです。

Would it be possible for you to send the missing pieces right away?
不足分をすぐに送っていただけるかご確認くださいますか。

We would like to cancel our order for the 15 defective items.
15個の不良品分は注文を取りやめます。

Five of GT200 were badly damaged.
GT200のうちの5個はひどく損傷しています。

I ordered GT300, but I received GT200.
GT300を注文いたしましたが、GT200が届いております。

Could you let us know immediately by E-mail when we can expect a replacement?
取り替えが可能でしたらすぐにメールでお知らせくださいますか？

SITUATION 12

クライアントからの支払いが期日を過ぎても入金されていないので、軽く再確認を促すように「もう一度確認していただきたいのですが、支払期日が5月末分のご入金が確認できておりません」と言いたくて

I need you to check again. We have not got your payment of May.

もう一度確認してもらう必要があるのよ! 5月の支払い、まだもらってないわ

なんてビジネスには相応しくない書き方をしていませんか?

need to は I think と一緒に使えばかまいませんが、そうでないときつい言い方になってしまうので注意が必要です。
I think you need to 〜 .(〜する必要があると思います)

FIRST CLASS EXPRESSION

Just to remind you again, we have not received your payment which was due at the end of May.
もう一度確認しておきたいのですが、支払期日が5月末分のご入金が確認できておりません。
Just to remind you again は相手に対して再確認を促すソフトな言い方で責める感じが無く、相手もすぐに快く確認してくれるでしょう。

VARIATION

●忘れている相手に対する表現いろいろ
（初めての場合で、やわらかな言い方をしたい場合）
As I mentioned last week, we'd like to have the invoice and the courier number.
先週お話ししましたように、請求書と国際宅配番号が知りたいのですが…。
mention「〜についてちょっと触れる・言及する」を使うことによって、相手が忘れていたことに対する重大性を和らげることができます。

（自分より立場が上の人に言いたい場合）
May I ask once again for your checking the invoice?
請求書を今一度ご確認いただけますでしょうか？

SITUATION 13

進捗状況を伝えたくて「スケジュール通り進んでいることをご報告できて嬉しく思います」と言いたいのに

{ **I am happy to tell you that we are going as the schedule.**
私達はスケジュール表として進行していることを言えて嬉しいよ }

なんて、しっくりこない言い方をしていませんか？

報告するのに tell は相応しくないですね。
report もしくは inform を使ったほうが報告のイメージに合います。
「進行する」は前に進んでいるイメージですので、move ahead を使うのが自然です。ahead はぜひ使いこなせるようにしましょう。
ahead 「前方に、真っ先に」
We should plan ahead.
早めに計画を立てたほうがいいです。

FIRST CLASS EXPRESSION

I am happy to inform you that everything is going according to schedule.
スケジュール通りに進んでいることをご報告できて嬉しいです。
according to schedule
as per schedule 「予定通りに」

VARIATION

●schedule に関する表現いろいろ
schedule はビジネスでは頻繁に使われる表現です。ぜひ、いろいろな使い方を覚えておきましょう。
Our plan is being far behind schedule.
私達の計画は予定より大幅に遅れています。
I managed to fit her into my schedule.
なんとか彼女に合う時間をスケジュールに入れた。
It's so difficult to keep this schedule.
この予定を守ることはかなり難しいです。
My schedule for this month is full.
今月は予定がいっぱいです。
What is your schedule the 4th?
4日のスケジュールはどうなっていますか？
We have a tough schedule of meetings this week.
今週は会議のスケジュールがびっしりです。
The game is scheduled for Friday June 13th.
試合は6月13日金曜日に予定されています。

SITUATION 14

出張のお礼に「ロンドンではとても有益な時間を過ごすことができ、ありがとうございました」と言いたいのに

> **Thank you. I could enjoy in London.**
> ありがとうね〜ロンドンで
> 楽しめたらいいのに…

という感じで「え、どういうこと?」と相手に思わせるような文章を書いていませんか?

まずは感謝を表すのに「Thank you.」一言ではどうかと思います。最低限「Thank you so much.」くらいは言っておきたいですね。

更に、この文章は could を使っていますが、これはネイティブには非常に不自然に感じられます。ネイティブが「単純過去」に could を使うことはほとんど無いと思っていただいたほうがよいです。

×I could pass the examination last week.
　私は先週試験に合格できました。
○I was able to pass the examination last week.

FIRST CLASS EXPRESSION

Thank you so much. I was able to spend a very worthwhile time in London.
ロンドンではとても有益な時間を過ごすことができ、ありがとうございます。

worthwhile 「(時間や労力を) 費やす価値のある・やりがいのある・価値ある」

This is a worthwhile book.
これは読む価値のある本です。

Is it worthwhile going in this weather?
この天気の中を行くだけの価値があるの？

VARIATION

●出張のお礼に使える表現いろいろ

I returned safely to Tokyo yesterday.
無事、昨日東京に戻りました。

I believe that our meetings went very well.
私達の会合はとても有意義だったと思います。

I deeply appreciate your kindness.
ご親切に大変感謝いたしております。

It would be wonderful if you could come to Tokyo.
東京にいらしていただけたら嬉しいです。

Take care and hope to see you again soon.
またお目にかかれますことを楽しみにいたしております。

SITUATION 15

退職する方のためのパーティーの招待状で「彼への贈り物を用意するために、出席者の方々には10ドルのご寄付をお願いいたします」と言いたいのに

> **We are requesting that everyone who attends this party donates $10.00 to give him a gift.**

と、長々しい文章で書いていませんか？

この章の最初から申し上げている通り、メールは簡潔が一番です。「出席者」はたった一語「attendee」や「participant」で表現できますね。
動詞についても是非覚えておきましょう。
attend 「出席する・注意する・世話する」
I attend classes daily.
毎日授業に出ています。
participate 「参加する・共にする」
He actively participated in volunteer programs.
彼はボランティア行事に積極的に参加しました。

FIRST CLASS EXPRESSION

We are requesting that each attendee (should) donate $10.00 to get him a gift.
彼への贈り物を用意するために、出席者の方々には10ドルのご寄付をお願いいたします。
彼のためのギフトを用意するためのお金なので、「**to get him a gift**」とするのが適切。

VARIATION

●招待状に関するメールの表現いろいろ

We're holding a welcome party for John on Wednesday.
水曜日にジョンの歓迎パーティーを開きます。

The party will be held at the Julia club on August 3 from 7PM.
パーティーは8月3日午後7時にジュリアクラブで開催いたします。

Dress: informal
平服でお越しください。

Please see the following link for details on the Julia club.
ジュリアクラブの詳しい情報は下記のリンクをご参照ください。

Thank you so much for inviting me to the party.
パーティーへのご招待ありがとうございます。

SITUATION 16

取引相手の技術的なサポートに納得いかないので、帰ってしまった担当者であるホワイトさんをもう一度オフィスに派遣して欲しい時に

Please send Mr. White to our office.

ホワイトさんをオフィスへよこしなさい

と、ビジネスメールらしくない言い方をしていませんか？

こういうメールの時にはやわらかい書き方と厳しい書き方を知っておくと便利です。ケースによって度重なる相手の不誠実があれば言い方も必然的に変わってきます。やわらかい言い方にするためには、相手の不十分さやこちらの希望を言う前に、相手のこれまでの仕事を褒めることを忘れないようにしたいものです。その上で相手にこちらの要求を話し、今後の良好な関係の維持ができるようにしたいものですね。そのためにもフォーマルな語調で書く必要があります。逆に厳しく言いたい時にはただ語調をきつくするのではなく、対処が必要なことと問題点をはっきり述べた上で、こちらの落胆ぶりを述べると良いです。

FIRST CLASS EXPRESSION

I would like to ask you to dispatch Mr. White to come to our office once again.
ホワイトさんを再度当社へ派遣して欲しいのです。
dispatch 「派遣する・片付ける・急送する」
We have to dispatch a telegram to her.
彼女に電報を打たなくてはならない。

VARIATION

●やわらかい&厳しいメールの表現いろいろ
・やわらかくするために助けとなる文章
I would like to express my gratitude for your great effort.
御社の素晴らしい努力に感謝の念を表したいと思います。
I would like to make a request for your support.
あなたのご協力をお願いしたく思います。

・厳しくするために助けとなる表現
We must get Mr. White sent back here.
ホワイトさんをこちらに再度派遣してもらわなくてはならない。
We expect you to send him here soon.
彼をすぐに派遣してもらえると思っています。

SITUATION 17

就任の挨拶のメールで「より御社のお役に立てるように、直接あなたとお話しさせていただけたらと思っております」と言いたくて

I would like to see you and talk directly to you about what we can do for you.

あなたにお会いして直接私達があなたのためにできることを話したい

と、少し上から目線な表現をしていませんか？

新任（就任）のご挨拶の第一番目のメールは非常に大事な一通ですね。顔も知らない相手へのご挨拶です。シンプルだけれど丁寧な表現をしたいものです。

FIRST CLASS EXPRESSION

I would like to talk directly to you about how we can give you better service.
より御社のお役に立てるように直接あなたとお話しさせていただけたらと思っております。

VARIATION

●担当者変更通知（会社内）の表現いろいろ

I have to announce the departure of Reggie Davis, the manager of the personnel department.
人事部の部長であるレジー・デイビス氏の退職をお知らせしなくてはなりません。

His last day with us will be October 7.
彼の最終出社日は10月7日です。

We have chosen Karen Smith to replace him.
彼の後任にカレン・スミスさんを選任いたしました。

As you know, Karen has been working under Reggie for 10 years.
皆様御存知の通り、カレンさんはレジーさんのもとで10年間働いてきております。

I hope you will support her in the new role.
彼女の新しい役割をサポートしてくださることを願っております。

SITUATION 18

会社の休暇のお知らせメールで「弊社の休暇は12月28日から1月5日までです」と言いたいのに

Our vacation days will start from December 28 and will continue to January 5.

とスッキリしない文章を書いていませんか?

vacation days という言い方をネイティブはしません。vacation だけか、もしくは vacation period を使ったほうが自然です。

period 「期間・段階・時代」
The report covers a period of 6 months.
その報告書は6ヶ月の期間にわたっています。
The aim is to reduce traffic at peak period.
目的はピークの期間に渋滞を減らすことです。

continue は「ずっと続ける」イメージの強い一語です。こういう期間を表すには相応しくないです。
It continued two hours.
それは2時間続いた。
Continued overleaf. 裏面に続く。

FIRST CLASS EXPRESSION

Our vacation will be from December 28 to January 5.
弊社の休暇は**12月28日**から**1月5日**までです。
期間には通常「**from A to B**（**A**日から**B**日まで）」を使います。

VARIATION

●休暇連絡の表現いろいろ

The holiday season is approaching.
休暇のシーズンが近づいております。

We'd like to let you know our office will be closed from April 28 to May 7.
4月28日から**5月7日**まで当社はお休みをいただきますことをお知らせいたします。

If you have any urgent issues come up, please contact my cell at 131-445-2222.
緊急の際には当方の携帯電話、**131-445-2222**までご連絡ください。

I will check my e-mails, but may not be able to respond soon.
メールはチェックいたしますが、すぐにはお返事することができないかもしれません。

I hope that this doesn't cause you any inconvenience.
御社にご迷惑をおかけしないことを願っております。

SITUATION 19

退職のご挨拶のメールで「私は、一身上の都合により、KPO社を退社することを決心いたしました」と言いたいのに

> **I would like to let you know that I have decided to retire KPO for a private reason.**
>
> 私は私的な理由で KPO を定年退職することを決めましたことをお知らせいたします

と、変な言い方をしていませんか？

retire という単語は「定年退職する・引退する・退く」という意味ですので、普通に退職する場合には使いません。

According to company rules, I have to retire this year.
会社の規則に従って今年定年退職しなくてはなりません。

He retired at the age of 60.
彼は60歳で引退しました。

92

FIRST CLASS EXPRESSION

I would like to let you know that I decided to leave KPO for personal reasons.
私は一身上の都合により KPO を退職することを決心いたしました。

「退職する」は「**quit**」を使用することも多く、どちらでも間違いではありませんが、ビジネスレターの場合は leave のほうが よく使われます。

VARIATION

●退職のご挨拶のメール中の表現いろいろ

I would like to let you know that tomorrow will be my last day at KPO.
明日は私にとって KPO 社での最後の日になります。

I appreciate your support and encouragement during my days here.
在職中は大変お世話になり感謝しております。

Karl Collins, my replacement, is very qualified.
私の後任のカール・コリンズさんは非常に有能な人物です。

I'll never forget the great days here.
ここでの素晴らしい日々を忘れません。

I wish you all great success and hope to meet you again in the near future.
皆様のご健勝をお祈りし、また近い将来お目にかかれますことを楽しみにいたしております。

SITUATION 20

訃報のメールで「弊社社長のマーク・モリスが交通事故のため12月2日に逝去いたしましたことをお伝えするのは、大きな悲しみです」と言いたいのに

It is so sad that I inform you that Mark Morris, our president , has died on December 2 as a result of a traffic accident.

弊社社長のマーク・モリスが交通事故のため12月2日に死んだことをお伝えするのは…

と、すごく直接的で常識的でない言い方をしていませんか？

die は確かに「死ぬ」という表現ですが、これは非常に直接的な言い方で、ビジネスメールだけでなく、大人が使う表現としては無神経なものです。pass away という「亡くなる・逝去する」を使いましょう。

FIRST CLASS EXPRESSION

It is so sad that I inform you Mark Morris, our president, passed away on December 2 as a result of a traffic accident.

弊社社長のマーク・モリスが交通事故のため**12月2日**に逝去いたしましたことをお伝えするのは、大きな悲しみです。

VARIATION

●訃報やお悔みに関するメール中の表現いろいろ

I have to inform you of some extremely sad news.
大変悲しいお知らせをしなくてはなりません。

Funeral services will be held at Bellsouth Mortuary from 7:00 to 9:00 PM, December 7.
葬儀はベルサウス葬儀場で**12月7日**の午後**7時**から**9時**の間にとりおこなわれます。

The funeral will be held as per the attached notice.
葬儀は添付のご案内の通りとりおこなわれます。

The family requests that donations be made to St. Mary's Church in lieu of flowers.
ご家族は花束の代わりにセントメアリー教会への御寄附を希望しておられます。

COLUMN 2

そのカニさんジェスチャーは？

日本語にも流行りがあるように、英単語にも流行り（？）のようなものがあるのをネイティブと話していると頻繁に感じます。とにかく欧米どこに行っても「complicated（面倒な・複雑な・理解しにくい）」が聞こえてくる時期がありました。恋人との関係から、家庭での夫婦関係や職場での人間関係すべてこの言葉一語で言い表されているような時期があり、海外帰りの生徒さんまでもがこの言葉を連発し始めた時には驚きました。

言葉だけでなくジェスチャーでもそのようなものがあります。

50代前半の社長様（B氏）からアメリカ人との交渉の場面での通訳を依頼された時のことです（私は通訳が専門ではありませんが、一時期同時通訳者になるための学習をしていたこと、以前海外で交渉術を学んだことや接待の会食でも元CAの社交性をフルに発揮できることを買っていただき、最近は幸運なことに外国との交渉の場面での通訳御依頼がございます）。交渉相手のアメリカ人は非常に明るくハッキリとした30代後半の社長様（A氏）。交渉途中でも頻繁にジョークをおっしゃるだけでなくジェスチャーも多い方でした。この社長様同士の共通の知人の方（どうやらこの方はある事業でとても成功され、もうすでに一生働かなくてもよいくらいの資産をお持ちの方のよう）の話題になった時に、B氏が「最近彼はどうしているのだろう？（How's he getting along these days?)」と聞くと、A氏は両手で目の横辺りにピースサインをし人差し指と中指を2回折り曲げて「Maybe, he is just "working."（多分、働いているんじゃな〜い？)」と笑いながら返しました。この時私は思わずクスッと笑ってしまいました。でも、このジェスチャーの意味をご存じないB氏は言葉に詰まり「これはまずい」と

察知した私は「It's so him.(彼らしいですね)」と同じジェスチャーで返しました。Ａ氏は「You think so, too, right?(君もそう思うだろう？)」と楽しそうに返答。会議開始前に「信頼していますので、僕が答えられないような時や理解できない時には、その場に一番合った英語で対応してください」と交渉内容以外の会話についてはある意味一任されていたからこそできたのですが、会議後一番にＢ氏が聞いてきたことがこのカニのハサミのようなジェスチャーについてでした。これはかなり前から非常によく欧米で見られるものですが、日本語で言うところの「いわゆる〜」や『』付きの場合や、明らかにそうではないと誰もが分かる時に、わざと皮肉っぽく使います。Ａ氏は皮肉っぽく、その方が働くなんてありえないことなので、カニジェスチャーを使ったのですね。「助かったよ〜荒井さん、さすが元CA。機転が利くね」と、Ｂ氏はここをものすごく評価してくださいました。もちろん、交渉自体も win-win で終了いたしました。カニジェスチャーも一役買ったでしょうか？（笑）

ファーストクラスの英会話

PART
3

接待編
20フレーズ

SITUATION 01

ニューヨークからいらした初めてお会いする関連会社の方を空港に出迎えに来ています。簡単な自己紹介をした後に「お迎えにあがりました」と言いたいのに

{ **I'm here to meet you.**
お会いするためにまいりました }

と、空港で会うだけで、その後どこかに
お連れするわけではないようなことを
言っていませんか？

接待の第一歩ですね。取引先などの初めてお目にかかる方には、まずは簡単に自己紹介をしましょう。
Are you Mr. Nguyen?　グエンさんですか？
Welcome to Japan.　日本へようこそ。
My name is Noriko Kaburagi.　鏑木典子です。
Here is my card.　これが私の名刺です。
車に乗って一息ついて会話が始まり、相手が「Ms. Noriko」というような呼び方をしてきたら、ぜひ、
Please call me Nori for short.
略して「のり」と呼んでください。
と言ってください。距離が縮まるはずです。

FIRST CLASS EXPRESSION

I'm here to pick you up.
お迎えにあがりました。

VARIATION

●接待（お出迎え）に使う表現いろいろ

I apologize for being late.
遅くなって申し訳ありません。

I got caught in heavy traffic.
ひどい渋滞につかまってしまいました。

How was your flight?
フライトはどうでしたか。

You must be tired.
お疲れでしょう。

I recognized you at the first sight, because you are wearing a black leather jacket and a red sweater as you said.
おっしゃっていた通り、黒い革のジャケットと赤いセーターを着てくださっているので、すぐに分かりました。

recognize 「認める・分かる・気づく・理解する」

I recognized your handwriting.
あなたの筆跡だと分かりました。

I recognized him by his voice.
声で彼だと分かりました。

SITUATION 02

ニューヨーク支社からいらした方に「こちらが旅程表です。今日はゆっくりしていただけますよ」と言いたいのに

{ **This is your schedule. You can relax today.**
これがあなたのスケジュールです。今日はのんびりできます }

と、間違ってはいないのですが、ちょっと残念な言い方をしていませんか？

海外からのお客様や支社からの方をお迎えする時に、どこの企業もいらした当日は（午後3時以降の便で御到着の場合は特に）ホテルでゆっくりしていただき、夕食だけをご一緒するようなスケジューリングをしている会社が多いですね。特に欧州や、アメリカ本土からはフライト時間も長いので、そのようなスケジュールの組み立てをする配慮があるのは良いことですね。
itinerary「旅程表」
Would it be possible to alter your itinerary?
あなたの旅程を変更することは可能でしょうか？

FIRST CLASS EXPRESSION

This is your itinerary. You can get comfortable.
こちらが旅程表です。今日はゆっくりしていただけますよ。

旅程表は itinerary のほうが適切ですね。schedule ですと「予定表・計画」のようなイメージが強くなってしまいます。

是非「くつろぐ」という意味で comfortable も使ってみてください。

I don't feel comfortable with him.
彼と一緒だとくつろげない。

VARIATION

●スケジューリングについての説明で使う表現いろいろ

If you want to change your itinerary, please let me know.
もし旅程を変更されたければお知らせください。

If you need anything, please don't hesitate to ask me.
何かありましたらご遠慮なさらず私に聞いてください。

Could you come down to the main lobby at 6PM?
6時にホテルのロビーに降りてきていただけますでしょうか？

The schedule is tight. / The schedule is heavy.
スケジュールが詰まっています。

SITUATION 03

接待で和食レストランに行き「天ぷらのついたおそばがいいですよ」と言いたいのに

Noodle with tempura is a good select.
天ぷらつき麺は最高の選択です

と、おそばには相応しくないかなり大げさで、尚且つ動詞と名詞をごっちゃにしてしまった間違った言い方をしていませんか？

欧米人には日本人は毎日「スシ」を食べていると思っている人もいます。私達もメキシコは「タコス」と思うように、人間は各国の代表的な食事を1つか2つでイメージ付けてしまうのかもしれませんね。実際に日本にいらした欧米人の方々は、日本にとってもたくさんの種類のお料理があることにびっくりされます。
天ぷらは欧米人に人気のあるお料理の1つです。
ぜひ、きちんと説明できるようにしておきましょう。
The ingredients in tempura should be fresh and are seasonal.
天ぷらの材料は新鮮であり、旬のものがたくさん使われます。

FIRST CLASS EXPRESSION

Buckwheat noodles with tempura would be a good choice.
天ぷらつきのおそばがいいですよ。
select （動詞）「選び出す（多くのものから）」
　　　　（名詞）「選り抜きの品・上等の品」
choice （名詞）「選択」
おそばには **choice** が自然ですね。

VARIATION

●レストランでの接待で使う表現いろいろ

What do you feel like eating tonight?
何を召し上がりますか？
Is there anything you can't eat?
何か召し上がれないものはありますか？
Do you want it cold or hot?
冷たいものと温かいものとどちらが良いですか？
Are you allergic to buckwheat?
そばアレルギーはありますか？
How do you like buckwheat noodles?
おそばはお好きですか？
You should try this sauce.
このソースも試したほうがよいです。
Batter is made from water and wheat flour.
（天ぷらの）衣は水と小麦粉から作られます。

SITUATION 04

接待で鰻(うなぎ)を食べることになり相手に「鰻を食べたことがありますか？」と言いたいのに

Do you eat eels?
鰻、食べる？

とニュアンスの違うことを言っていませんか？

欧米人は最初、鰻を好まない方が多いですね。もちろん、納豆に比べれば比ではありませんが…納豆はあんなに栄養価が高いのに、多くの欧米人から、その食感や臭いで嫌われていますね。鰻は見た目が嫌だけれど、食べていくうちに美味しいと感じると言う欧米人の方も少なくないようです。

The texture isn't good.
食感が良くないです。
The best eels are the wild ones.
一番良い鰻は天然ものです。
broiled eel　うなぎの蒲焼
a conger eel　あなご
Eel is quite nutritious.
鰻はかなり栄養価が高いです。

FIRST CLASS EXPRESSION

Have you ever eaten eels?
今までに鰻を食べたことがありますか？
「〜したことがありますか？」と聞きたい時には現在完了の「経験」です。

VARIATION

●レストランでの接待で使う表現いろいろ

This is a quite popular restaurant which is listed in every guide book.
このレストランはとても人気があり、どのガイドブックにも載っていますよ。

Fish and this sauce go very well together.
お魚とこのソースがとても合っていますね。

What would you like to drink after lunch?
ランチの後のお飲み物は何になさいますか？

What do you take in your coffee?
コーヒーには何をお入れしますか？

I take milk and sugar in my coffee.
ミルクと砂糖を入れます。

Nothing. I drink it black.
何も要りません。ブラックで飲みます。

Please have it while it's warm.
どうぞ温かいうちに召し上がってください。

I'd like to have some more. How about you?
もう少しいただきたいですね。あなたはいかがですか？

SITUATION 05

接待でお寿司屋さんに行き「ちらし寿司は酢飯の上に魚や卵などをのせた丼物です」と説明したいのに

> **Vinegar-flavored rice and fish and egg are in a bowl.**
> 酢飯と魚と卵が丼に入っています

と、全部がごっちゃになって入っているような言い方をしていませんか？

回転寿司は欧米人にも人気ですし、海外でも多く見かけます。ただ、細菌の心配をして、生魚を食べることに抵抗の強い欧米人も多いようです。わさびやしょうがに殺菌作用があることなども、説明できるようにしましょう。

Wasabi and ginger contain ingredients which fight bacteria.
わさびとしょうがは細菌を殺そうとする成分が含まれています。

The fish for sushi must be fresh.
お寿司の魚は新鮮でなくてはなりません。

FIRST CLASS EXPRESSION

Chirashi-zushi is a bowl dish which has vinegar-flavored rice topped with fish and egg.
ちらし寿司は酢飯の上に魚や卵をのせた丼物です。
top 動詞「上にのせる」
The ice cream was topped with chocolate.
アイスクリームにはチョコレートがかかっていました。

VARIATION

●お寿司についての会話で使う表現いろいろ
deep-fried bean curd stuffed with vinegar-flavored rice いなり寿司
hand-shaped sushi にぎり寿司
sushi-roll 巻き寿司
vinegar-flavored rice しゃり
sushi topping ねた
abalone あわび　　**horse mackerel** あじ
conger eel あなご　　**sardine** いわし
mackerel さば　　**sea bass** すずき
ark shell 赤貝　　**sea urchin eggs** うに
salmon roe いくら　　**calamari** いか
bonito かつお　　**crab** カニ
herring roe 数の子　　**swordfish** めかじき
octopus たこ　　**tuna** まぐろ
lean tuna 赤身　　**fatty tuna** とろ

SITUATION 06

日本料理レストランで「和食を作るのはとっても複雑なこともあります」と説明したいのに

> **To make Japanese food is very complicated.**
> 日本食を作るのはとても複雑です

と、言いたいことの100%が伝えきれない文章になっていませんか?

繊細な日本料理を出すレストランは、日本を知っていただく上で、一度は接待に使いたい場所ですね。欧米人は必ずといっていいほど「これは何?」と確認してから食べます。聞かれた時に、さっと説明できるようでありたいですね。

厚焼き玉子

Atsuyaki Tamago is a very popular side dish for everyday meals and bento boxes. The eggs are cooked with simple seasonings with the sweetness added. It's best served hot with grated daikon radish.

FIRST CLASS EXPRESSION

Preparing Japanese dishes can be quite complicated.
和食を作るのはとても複雑なこともあります。
can be を使うことによって「そういうこともありうる」というニュアンスを出しています。
complicated 形容詞 「複雑な・込み入った・面倒な」
The affair is immensely complicated.
事態は極めて複雑です。

VARIATION

●食感を表現する時に使う表現いろいろ
crispy カリカリの・パリパリの
It's light and crispy.
それは軽くてサクサクしています。
tough /hard /stiff 硬い
The fillet steak was so tough.
そのヒレ肉のステーキはとっても硬かった。
soft/tender やわらかい
This lamb is so tender.
このラム肉はとてもやわらかいです。
gooey ネバネバする
The fermented soybeans were gooey.
納豆はネバネバしました。

SITUATION 07

レストランで「日本人は食事の前に"いただきます"という言葉を使います」と言いたくて

> **Japanese people say "Itadakimasu" before eat.**
> 日本人は食う前に"いただきます"と言います

と、ちょっと品のない言い方をしていませんか?

お食事の前に祈ったりする文化の国はありますが、なにか決まった言い方をして食事を始める文化は日本だけかもしれませんね。
「いただきます」については外国人からよく聞かれます。そして「郷に入れば郷に従え」という言葉を守ろうとする外国人は、滞在中にこれを言えるように何度も練習してくださったりします。文化交流の1つとして、大変嬉しく思います。
There are many table manners in Japan related to eating.
食事に関連したマナーが日本にはたくさんあります。

FIRST CLASS EXPRESSION

Japanese people say "Itadakimasu" before having meals.

日本人は食事の前に「いただきます」と言います。

eat でも間違いではないのですが、「食う」というイメージが強いので、できたら **have** を使ったほうが接待の時にはよいかもしれません。また、前置詞の後に動詞を置く時には、必ず **ing** をつけて動名詞にしましょう。

VARIATION

●味を表現する時に使う表現いろいろ

hot 辛い
This curry is too hot. このカレーは辛すぎます。

salty 塩辛い
The soup was so salty that she couldn't eat it.
そのスープはとても塩辛かったので彼女は食べられなかった。

bitter 苦い
I don't like bitter gourd from Okinawa because of its bitterness.
私は苦いので沖縄のゴーヤが好きではありません。

sour 酸っぱい
If you add lemon, it will become sour.
レモンを加えると、酸っぱくなりますよ。

SITUATION 08

お好み焼き屋さんで「お好み焼きの材料は特別です」と言いたくて

{ **The material of okonomiyaki is special.** }
お好み焼きの材料は特別です

と、一見正しそうですが、恥ずかしい間違いを含んだ言い方をしていませんか？

> お好み焼きの好きな外国人はかなり多いのではないでしょうか？ 作りながら説明できると、より楽しめますね。食は良いコミュニケーションのための大事なツールの1つです。
>
> Okonomiyaki is one of the popular foods in Japan, especially Kansai area.
> お好み焼きは日本、特に関西地方で人気の食べ物です。
>
> We should bake it by ourselves.
> 私達は自分で焼くのですよ。
>
> Mix the dough quickly from the bottom.
> 生地を底から素早く混ぜます。

FIRST CLASS EXPRESSION

The ingredient of okonomiyaki is quite special.
お好み焼きの材料は特別です。
食べ物に使う「材料」は ingredient が適切です。
This is all-nylon material.
これはナイロン100％の生地です。
We already have the ingredients for making a cake.
ケーキを作るための材料はそろっています。

VARIATION

●会食で使う表現いろいろ
This is very tasty.
これはとても美味しいです。
Thank you for offering, but I'm quite full now.
お勧めくださりありがとうございます。でも、もう満腹です。
Could you pass me the soy sauce?
お醤油を取っていただけますでしょうか？
Would you like another glass of wine?
ワインをもう一杯いかがですか？
Personally, I like deep-fried tofu with amber sauce here.
個人的にはここの揚げ出し豆腐が好きです。
What would you like for dessert?
デザートは何になさいますか？

SITUATION 09

「お酒は米からできています」と説明したいのに

Sake is made of rice.
お酒は米からできています

と表現の違う言い方をしていませんか？

接待でお酒の説明に困るというお話をよく聞きます。日本独自のお酒については説明できるようでありたいですね。

Japanese sake is becoming popular all over the world.

日本酒は世界中で人気が出ています。

The main ingredients, rice and water, are turned into sake through a complicated brewing process.

日本酒の主な原料である米と水は、複雑な醸造工程を経て日本酒に変化していきます。

Junmai-shu is pure rice wine. Rice, yeast and water are used in its production.

純米酒は純粋なお米のワインです。米と水と酵母菌で作られています。

FIRST CLASS EXPRESSION

Sake is made from rice.
お酒は米からできています。
made of ～ ～から作られる（何でできているか見た目で分かるもの＝材料）
made from ～ ～から作られる（形が変わり何から作られているか見た目で分からないもの＝原料）
The desk is made of wood.
その机は、木でできています。
Wine is made from grapes.
ワインは、ぶどうから作られています。

VARIATION

●お酒の説明で使う表現いろいろ

Shochu is made from sweet potato, rice or barley.
焼酎はさつまいもやお米や大麦から作られます。
It has a strong aftertaste.
後味が強いです。
Beer is a very popular drink in Japan.
ビールは日本では人気がある飲み物です。
Shochu mixed with soda water and flavored syrup and served with ice and a slice of lemon is called chuhai.
焼酎とソーダ水とフレーバーシロップを混ぜて氷を入れてレモンスライスを添えているのが酎ハイです。

SITUATION 10

「日本の食生活で一番大事な部分を占めているのはお米です」と言いたくて

> **Rice is the most important section of the Japanese diet.**
> 日本の食生活で一番大事な部門はお米です

と、ちょっと違った表現をしていませんか？

季節ごとの旬の食材があるのも日本の特徴です。それぞれの季節の代表的なものは言えるようにしておいたほうがよいでしょう。

春　bamboo shoot たけのこ　rape blossom 菜の花
　　royal fern ぜんまい　red sea bream 真鯛
夏　water shield 蓴菜（じゅんさい）　green soybean 枝豆
　　broad bean そら豆　corn とうもろこし
秋　Matsutake mushroom 松茸　chestnut 栗
　　Japanese lime ゆず　wax gourd とうがん
冬　Japanese amberjack ブリ　oyster 牡蠣（かき）
　　Chinese cabbage 白菜

FIRST CLASS EXPRESSION

Rice is the most important part of the Japanese diet.
お米は日本の食生活で一番大事な部分を占めています。
section は「切断された部分」というイメージの単語です。一方 **part** は「全体のうちの一部分」というイメージです。
この文章の場合は **part** が自然ですね。
This autobiography comprises two sections.
この自叙伝は2部からなっています。
These English words are now part and parcel of the Japanese language.
これらの英語は今は日本語の一部になりきっています。

VARIATION

●お米に関する物の説明で使う表現いろいろ
There are many rice brands available in Japan, such as Sasanishiki, Koshihikari, Hitomebore and Akita-Komachi.
日本にはササニシキ、コシヒカリ、ひとめぼれ、あきたこまち等の多くの米の銘柄があります。
rice cooker　炊飯器　　**brown rice**　玄米
sticky rice　もち米　　**rice cake**　もち
rice with tea poured over it　お茶漬け
rice porridge　おかゆ
toasted rice ball　焼きおにぎり

SITUATION 11

秋の京都を案内していて「東福寺はたくさんの紅葉の名所の中でも一番素晴らしい場所です」と言いたくて

> **Tofuku-ji temple is the best spot in the many fine places to view the colored leaves.**
>
> 東福寺はたくさんの紅葉の名所という範囲の中で一番素晴らしい場所です

と少し間違った言い方をしていませんか？

> 日本の代表的なスポットである京都は、接待には外せない場所です。いろいろ説明できるようになりましょう。
> There are many places in Kyoto city to view the colored leaves, such as Kiyomizu-dera temple, Kodai-ji temple, the Arashiyama area, and Takao area.
> 京都では清水寺、高台寺、嵐山方面や高尾方面など、たくさんの場所で紅葉が見られます。

FIRST CLASS EXPRESSION

Tofuku-ji temple is the best spot of many fine places to view the colored leaves.
東福寺はたくさんの紅葉の名所の中でも一番素晴らしい場所です。
たくさんの物や人の中で一番と言いたい時に使う最上級では、次のような決まりがあります。
後ろに場所・範囲・集団を表す語句が来る時→ **in** を使う
後ろに複数を表す語句が来る時→ **of** を使う
上記の文章は「たくさんの…」と言っていますので、**of** が正解です。
He always comes to the office earliest of all.
彼はいつも全員の中で一番早くオフィスに来ます。
This building is the oldest in Kyoto.
このビルは京都で一番古いです。

VARIATION

●紅葉の説明で使う表現いろいろ
Going to view the colored leaves is called "momiji-gari".
紅葉を見に行くことを「紅葉狩り」と言います。
Colored leaves are popular motifs in Japanese arts and crafts.
紅葉は日本の美術工芸で人気のあるモチーフです。

SITUATION 12

京都で「舞妓さんや芸妓さんは日本の伝統的な踊りや唄を宴席で披露します」と言いたくて

Maiko and geiko's job is to perform traditional Japanese dances and music at the exclusive parties.

舞妓さんと芸妓さんの仕事は
宴席で伝統的な日本の踊りと唄を
披露することです

**と間違いではないのですが、
今ひとつな表現をしていませんか？**

日本にいらした欧米人の方が一緒に記念写真を撮りたい一番は、舞妓さんや芸妓さんではないでしょうか？絶対に海外ではお目にかかれない存在です。是非、説明できるようになりましょう。

FIRST CLASS EXPRESSION

Maiko and geiko perform traditional Japanese dances and music at exclusive parties.

舞妓さんや芸妓さんは宴席で日本の伝統的な踊りや唄を披露します。

jobという言葉は確かに「仕事」で間違いではないのですが、芸妓さんや舞妓さんの風情あるイメージとそぐわない感じがしますので、**perform**を使ったほうがよりしっとりして良いのではないでしょうか。

VARIATION

●舞妓さんや芸妓さんを説明する時に使う表現いろいろ

Maiko can only use three traditional makeup colors: red, black and white.

舞妓さんはお化粧の際には伝統的な3色、赤と黒と白だけを使うことができます。

Maiko always put the large ornamental hairpins called "kanzashi".

舞妓さんはかんざしと呼ばれる大きな髪飾りをいつもつけています。

Maiko lives in a teahouse and is trained strictly for about 1year.

舞妓さんは約1年間お茶屋で厳しい訓練を受けます。

When maiko reaches the age of 20, most of them become geiko.

舞妓さんは20歳になると芸妓さんになります。

SITUATION 13

「日本の象徴である富士山はユネスコの諮問機関によって世界遺産への登録が相応しいとされてきています」と言いたくて

Japan's iconic Mount Fuji was recommended for registration as a World Heritage site by UNESCO.

日本の象徴である富士山はユネスコによって世界遺産への登録を推薦されました

と、不十分な言い方をしていませんか?

富士山も日本の名所であり接待でお連れすることもあるかもしれません。以前欧米のニュース等で「ゴミの山」と放送されたこともあり残念ですが、是非、日本の象徴でもある富士山もきちんと紹介してください。
Mt. Fuji is the highest mountain in Japan, which is 3,776 meters above the sea.
富士山は日本で一番高い山で、標高3776メートルです。

FIRST CLASS EXPRESSION

Japan's iconic Mount Fuji has been recommended for registration as a World Heritage site by an advisory panel to UNESCO.

日本の象徴である富士山はユネスコの諮問機関によって世界遺産への登録が相応しいとされてきています。

「〜されてきている」という文面なので、過去形ではなく現在完了（継続）を使うのが適切です

heritage 「遺産・継承物・伝統」

We cherish our historical heritage.
私達は歴史的遺産を大事にしています。

advisory 「諮問の・顧問の」

an advisory committee 諮問委員会

VARIATION

●富士山を説明する時に使う表現いろいろ

Mt. Fuji has been an object of worship in Japan.
日本では富士山は信仰の対象とされてきました。

Many people climb Mt.Fuji in order to have their wishes granted.
多くの人が願い事を叶えてもらうために富士山に登ります。

Currently, more than 250,000 people climb Mt. Fuji every year.
近年では毎年25万人以上の人が富士山に登っています。

SITUATION 14

お客様を鎌倉にお連れして「鎌倉の大仏は13世紀半ばに作られ、中は空洞です」と言いたくて

The Great Buddha of Kamakura was built in the middle of 13th century. Its inside is empty.

鎌倉の大仏は13世紀半ばに建てられました。中味は空っぽです。

となんだか妙な言い方をしていませんか？

「鎌倉と言えば大仏」と言うくらい、大仏は有名ですね。また、外国人が非常に興味を持つものの1つが、大仏です。

The Great Buddha of Kamakura is more than 11 meters tall and weighs about 120 tons.
鎌倉の大仏は高さは11メートル以上で、重さは約120トンです。

FIRST CLASS EXPRESSION

The Great Buddha of Kamakura was made in the mid-13th century. Its inside is hollow.
鎌倉の大仏は13世紀半ばに作られ、中は空洞です。
建物ではないので **build** よりも **make** を使ったほうが適切です。
empty 「中身が無い」
hollow 「空洞」
似ていますが使い分けが必要です。
an empty bottle 空き瓶
a hollow ball 空洞のボール

VARIATION

●鎌倉を説明する時に使う表現いろいろ

Tsurugaoka Hachimangu is in the middle of the city.
鶴岡八幡宮は市街地の中心にあります。

Kamakura was once the capital of all Japan during the Kamakura Period.
鎌倉は鎌倉時代に日本全土の中心地でした。

Kamakura's culture was based on the samurai spirit .
鎌倉の文化は武士の精神に基づいています。

You can see the spirit of samurai in Kenchoji.
建長寺で武士の精神を見ることができますよ。

SITUATION 15

お客様と歌舞伎のことが話題になり「新しく建て直された歌舞伎座で、4月2日にこけら落とし公演が行われたのですよ」と言いたくて

The new revived Kabukiza had its opening on April 2nd.

新しい回復した歌舞伎座で4月2日にこけら落とし公演が行われました

と、ちょっと意味が通じない英語を話していませんか？

歌舞伎も日本独自の伝統芸能であり他国にはないものなので、外国人の方々は必ずといっていいほど、見に行かれたいとおっしゃいます。
Kabuki is one of Japan's traditional dramatic stage performance which was born in the early 17th century.
歌舞伎は日本の伝統的な舞台芸能で17世紀初めに生まれました。

FIRST CLASS EXPRESSION

The newly rebuilt Kabukiza had its opening on April 2nd.

最近新しく建て直された歌舞伎座で4月2日にこけら落とし公演が行われました。

rebuild 「改築する・再建する」
revive 「生き返る・意識を回復する」

VARIATION

●歌舞伎を説明する時に使う表現いろいろ

One of the features of Kabuki is a makeup to indicate each character's personality.

歌舞伎の特徴の1つはそれぞれの役柄の人格を表すメークです。

It is called "kumadori".

それは隈取りと呼ばれます。

Kumadori uses lines in one of the three basic colors: red, brown and blue.

隈取りは3つの基本色(赤、茶、青)のうちの1つを使います。

歌舞伎用語
舞台:**the theater stage**　　仇討:**revenge**
曾根崎心中:**The Love Suicides at Sonezaki**
忠臣蔵:**The Forty-Seven Loyal Samurai**
梅:**plum tree**
旗本:**a direct retainer of Shogun**

SITUATION 16

お客様を東京スカイツリーにお連れして「東京スカイツリーは日本で一番高い建物です」と言いたくて

The TOKYO SKYTREE is the tallest building in Japan.

東京スカイツリーは日本で一番高いビルです

と細かいようですが、表現の違う言い方をしていませんか？

今は東京スカイツリーが話題になっていますが、一時代前は東京のシンボルは東京タワーでしたね。私は、個人的にはあの綺麗な形がエッフェル塔を思い出させてくれて好きなのですが…東京タワーも依然東京の接待スポットの1つですので、紹介できるようにしましょう。

Tokyo tower opened in 1958. It is 333 meters high.
東京タワーは1958年に開業しました。333メートルの高さです。

FIRST CLASS EXPRESSION

The TOKYO SKYTREE is the highest(tallest) structure in Japan.
東京スカイツリーは日本で一番高い建造物です。
building 「ビル・建物」
structure 「建造物・構造物」
tall
人間、動物、植物など生き物、建物、比較的細長いものに対して使われる。
high
地上や海面などからの高さや標高の高さに使い、人間には使わない。

VARIATION

●東京スカイツリーを説明する時に使う表現いろいろ
It is 634 meters high. 634メートルあります。
The TOKYO SKYTREE opened after three and a half years' construction work.
東京スカイツリーは3年半の工事期間を経てオープンしました。
It has two observation decks at 350 meters and 450 meters.
350メートルと450メートルの高さに2つの展望台があります。

SITUATION 17

お客様をお花見にお連れして「桜はぱっと咲いて、そして数日のうちに散ってしまうのですよ」と言いたくて

Cherry blossoms bloom all at once and die in a matter of days.

桜はぱっと咲いて、わずか数日のうちに死ぬ

と、「散る」という感じが出ない言い方をしていませんか？

桜は日本の国花とも言われるほど、日本人には特別な感情を起こさせてくれる花ですね。そしてそれは来日した外国人達にとっても「日本で是非とも見たいもの」の1つです。

People say the cherry blossom is an iconic flower of Japan.
桜は日本の国花と言われています。
We have many kinds of cherry blossoms.
たくさんの桜の種類があります。

132

FIRST CLASS EXPRESSION

Cherry blossoms bloom all at once and die and fall to the ground in a matter of days.
桜はぱっと咲いて、そして数日のうちに散ってしまうのですよ。
in a matter of days　数日のうちに

VARIATION

●桜を説明する時に使う表現いろいろ

Cherry trees come into full bloom at the end of March or the beginning of April.
桜の花は3月の終わり、もしくは4月の初め頃に満開になります。

In Japan cherry blossom viewing is an annual tradition.
日本ではお花見は毎年の慣習です。

It started in the 7th century.
それは7世紀に始まりました。

They enjoyed writing "waka" and looking at the beautiful scenery.
人々は和歌を詠んで美しい景色を見て楽しみました。

Now they enjoy eating and drinking with friends, family, and colleagues under the trees.
今は人々は友人や家族や同僚と一緒に木の下でお酒を飲んだりお料理を食べて楽しみます。

SITUATION 18

お客様が雛人形を見たいとおっしゃり、自宅にお招きして「ひな祭りは3月3日で、女の子の健やかな成長と幸福を願う日です」と言いたくて

Hinamatsuri is on March 3rd and it's the day to pray for healthy growth and happiness for young girls.

ひな祭り(?)は3月3日で、女の子と健やかな成長と幸福を願う日です

といきなり説明もなく「ヒナマツリ」という単語を使っていませんか？

春に来日した外国人の方々によく聞かれるのが、この「ひなまつり」と「端午の節句」についてです。
May 5th is Kodomo-no-hi (Children's Day).
5月5日はこどもの日です。
Originally it was called "Tango-no-sekku" (Boy's Festival) and was for celebrating a boy's growing up.
元々は端午の節句と呼ばれて男の子の成長を祝う日で

FIRST CLASS EXPRESSION

The Doll Festival is on March 3rd and it's the day to pray for healthy growth and happiness for young girls.

ひな祭りは3月3日で、女の子の健やかな成長と幸福を願う日です。

ひな祭りは他に **Girl's Festival** とも言います。

VARIATION

●ひな祭りを説明する時に使う表現いろいろ

Originally this family event began in the Edo era.

元々はこの家族行事は江戸時代に始まりました。

Most families with girls display dolls called Hina-ningyo which depict the imperial court.

女の子のいる家庭では雛人形と呼ばれる宮中の様子を表した人形を飾ります。

It was believed that the dolls protected people from sickness or ill-fortune.

人形は病気や不幸から人間を守ってくれると信じられていました。

Ancient people transferred their sins onto the dolls and threw them in rivers.

昔の人々は、雛人形に自分たちの汚れや罪をのり移らせて、身代わりとして川に流しました。

SITUATION 19

お客様が非常に着物に興味を持たれており着物店に接待しました。まずは「着物はいろいろな種類があって、染色の技法も様々です」と説明したくて

{ **Kimono have a lot of styles and various ways of dying the cloth.** }

と、どことなく不自然な言い方をしていませんか？

おみやげ屋さんで売っている着物を買って帰る外国人の方はいまだに多いです。そして、アメリカやイギリスで何軒ものお家の中で、着物を飾っていたり、ガウンのように使用していたりするのを見ました。日本人の体型（もちろん補正は必要ですが…）だからこそ似合う繊細な着物に、来日した外国人は非常に惹かれるようです。

The kimono is a traditional Japanese garment.
着物は日本の伝統衣装です。
It is originally influenced by traditional Chinese clothing.
それは元々は伝統的な中国の衣装に影響を受けています。

FIRST CLASS EXPRESSION

Kimonos have a lot of styles and various techniques are used for dyeing the cloth.
着物はいろいろな種類があって、染色の技法も様々です。

various 「種々の・様々の・別種の」
There were various ways of doing this.
これをするためには様々な方法がありました。

VARIATION

●着物を説明する時に使う表現いろいろ

Wearing a kimono has become very popular again among young Japanese women.
着物を着ることは最近は若い女性たちの中で人気が出てきています。

We wear kimonos on special occasions such as Shichigosan, Seijin-shiki, New Year's celebrations, wedding ceremonies, etc.
私達は七五三や成人式、新年、結婚式などの特別な機会に着物を着ます。

Yu-zen dyeing is the method how colorful designs are painted directly on the fabric.
友禅染めとは色彩に富んだ模様を生地に直接染める方法を言います。

SITUATION 20

お客様が非常に能楽に興味を持たれたので国立能楽堂の定例公演にお連れした時に「能は14世紀から演じられています」と言いたくて

{ **Noh performed the 14th century ago.** }

と意味の通じない表現をしていませんか？

外国人の方々は、当たり前ですが日本でしか見られないものに興味を持たれます。能以外に狂言や浮世絵を見られた時にも、説明を求められることが多くあります。是非、概要だけでも良いので説明できるようにしておきましょう。

Kyogen is the traditional comedy of Japan
狂言は日本の伝統的な喜劇です。

Kyogen requires hard training and several skills.
狂言では厳しい訓練といくつかの技術が必要とされます。

Ukiyo-e started to be produced between the 17th and 18th century.
浮世絵は17世紀から18世紀の間に創られ始めました。

FIRST CLASS EXPRESSION

Noh has been performed since the 14th century.
能は14世紀から演じられています。
これも14世紀以来ずっと演じられているので、現在完了の継続を用いないと表せませんね。

VARIATION

●能を説明する時に使う表現いろいろ

The costumes, masks and dances are the important elements of Noh.
能においては衣装と仮面と踊りが重要な要素です。

There are only two characters in many plays.
多くの演目の中で登場人物は2人だけです。

They dance with a flautist, several drummers and a chorus.
笛と鼓、地謡(じうたい)の伴奏で舞います。

Most noh stories are serious and pessimistic.
能の筋書きの多くは深刻で悲観的なものが多いです。

Originally Noh was performed outdoors, but now it is presented indoors.
元々、能は野外で演じられていましたが、現在は屋内で演じられます。

Every indoor Noh stage has pillars and a roof and a bridge-like walkway with railings.
すべての屋内の能舞台には柱と屋根、欄干のついた渡り廊下があります。

COLUMN 3

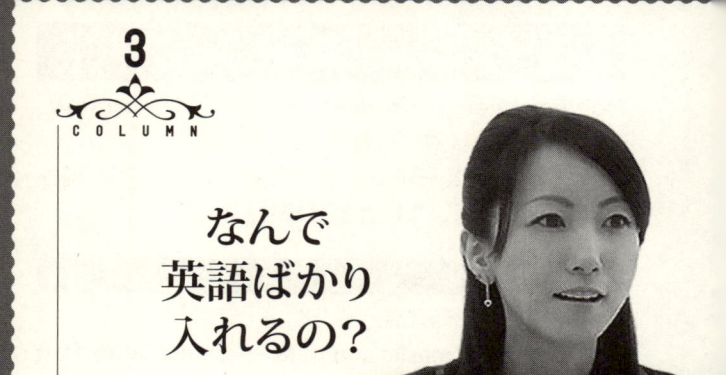

なんで英語ばかり入れるの?

日本にいらした外国人の方々のご意見の中でとても多いのが「なぜ、日本人は会話にやたらと英語を入れるの?」でした。

ビジネスで実際に外国の企業と交流している方々と、ある大きなパーティーでこの件についてお話しした時にも、あまりに皆さんの反応が一様に「そうそう!」だったので面白かったのですが、その中でも一番皆さんから共感を得ていたご意見が「英語を母国語のように話せる人のグループがAとして、そうでない人のグ

ループをBとすると、日本語の会話の中でやたらと英語を使いたがる人はグループBに多い気がする。そしてもっと細かく言うならグループBの中の"知ったかぶり""かっこつけたがり"の人にこの傾向は強い気がするのですよ。本当の意味もよく分かっていないのに使っている人が多い気がして非常に残念です」でした。

この時思い出したのが以前、とある会社様で研修をさせていただいた時の出来事。担当者様からは「接客で使う英会話も教えていただきたいのですが、まずは日本語の会話がお恥ずかしながら稚拙なので、そちらのご指導も合わせていただきたいのです」とお願いされ、録音された実際の接客場面での社員の方々の会話をお聞きし、納得いたしました。「こちらのお色とても明るくてお顔が綺麗に見えて、テンション上がりますよね（"テンション＝緊張" 緊張度を上げるような色って？）」「その指輪すごく素敵ですね。どちらでゲットされたのですか？（高級商品を販売しているのにさすがに初めてのお客様に"ゲット"はどうかと…）」その実況録音の中にはこんなものも。販売員さん「さすがセレブでいらっしゃいますね〜（そのお客様は著名人"セレブ＝著名人"ではなかった）」お客様「（ちょっとムッとしたお声で）私はセレブではなく一般人です

けど?」販売員さん「またまた、そんなご謙遜(けんそん)を…(全然会話が噛み合っていません…怖)」もちろんこのお客様はご購入されませんでした。現代の会話で英単語を日本語の文にまったく入れないのは不可能なことであると理解しています。でも、間違っての使用や、英語だらけの日本語文は聞いている方に不快感を与えることが多いのかもしれませんね。

皆様は例えばこんな会話「君の昨日のプレゼン、ハイテンションだったねー。ディールの方法がジェネラルじゃなくてストラテジー的にはかなりグッドだよー」心地良いでしょうか?「いっそすべて英語で話してくださったほうが、分かりやすいのですが…」と言いたくなってしまう私は意地悪ですか?(笑)

ファーストクラスの英会話

PART 4

交渉編
20フレーズ

SITUATION 01

ドイツ人との価格交渉でいきなり

> **We would like a 30%discount?**
> 30%値下げして
> いただきたいのですが

なんて、アメリカ人との交渉の時のように
ズバズバ言ってしまって、せっかく頑張って
価格交渉までたどり着いたのに、
相手を怒らせていませんか？

もちろん、個人個人で考え方やものの捉え方は違います。ですから「国民性」などという一言では、その国の人々を言い表すことはできません。でも、大きな括りで考えた時に「その国の人々の特質」的なものはあります。
こういう点からお話しすると、ドイツ人はこういった「値切り」があまり好きではありません。ほとんど最初に決めた価格から最後まで動かないと考えてもいいほどです。

FIRST CLASS EXPRESSION

ドイツ人との交渉で値下げ交渉はしないものと思って臨みましょう。

VARIATION

●値下げ交渉する時の表現いろいろ

Could you work with me on your price?
そちらのご提示の価格を一緒に検討していただけませんでしょうか？

I'm afraid I can't take this price back to my boss.
この価格ですと上司のもとに持ち帰ることができないのですが…。

We need at least 5% discount.
5%の値下げが最低でも必要なのですが。

Could you give us an additional 10 percent discount?
もう10%値下げしていただけませんでしょうか？

We won't be able to place an order at your current price.
現在の価格ですと発注することができないのですが…。

We will place an additional order if you reduce your current price.
現在の価格を下げていただければ、追加注文いたします。

SITUATION 02

値下げの要求を受けて「当社の価格は競争力があると思っております」と言いたいのに

> **Our price isn't high.**
> 当社の価格は高くない!

とケンカを売っているような言い方をしていませんか?

どの国の人とビジネスをする時にも、成功してきた方々は必ず仕事上の下調べ以外に、「その国の文化」をきちんと頭に入れて交渉に臨みます。
「異文化」を知ることはビジネスの上で大事な成功ポイントになっています。
引き続きドイツ人とのビジネスについてです。
「非常に用心深く計画的である」これもドイツ人の気質を表す代表的な表現です。安全をとても好みます。ですので、交渉する時には予定表などをしっかり作り、それにのっとって進めるようにしたほうがよいかもしれません。もちろん、かなり詳細な質問が来ることを想定して入念な準備が必要です。安全性第一=技術面に関しての細かい質問は当然のことです。

FIRST CLASS EXPRESSION

I am convinced that our prices are very competitive.
当社の価格は競争力があると思っております
「どこと比べていただいても決して高くはありません」という自信を持っていることを伝えたい時にはピッタリです。
convince 「確信させる・納得させる」
I felt convinced that he would succeed.
彼は成功すると確信していました。

VARIATION

●値下げ交渉をされた時の表現いろいろ
This is our best price. これが精一杯のお値段です。
Let's settle at 8%. 8%で手を打ちましょう。
I feel so sorry to say this, but your price reduction request isn't very realistic.
こんなことを申し上げるのもなんなのですが、そちらの値下げリクエストはあまり現実的ではないと思うのですが…。
I'm very sorry, but we can't make any further reduction.
申し訳ありませんが、これ以上の値引きはできかねます。

SITUATION 03

アメリカ人と納期の交渉の段階になって、いつまでも決定できず相手をイライラさせて

Please give us your delivery date.
引渡し時期を教えてください!

と言わせていませんか?

アメリカ人との交渉では「合理的な話し合い」がとても大切であると思ったほうが良いです。昔からアメリカとのビジネスでは、「常に Why-Because で考えなさい」と言われているとおりです。より合理的なほうが交渉では勝つことになります。

そして英語での表現方法は常に相手に敬意を持ち、直接過ぎる表現は慎むようにしながらも、内容では Yes か No かをはっきり言わなくてはならないのがアメリカとの交渉の難しいところです。自分の意見ははっきりと口に出さなくてはいけません。日本の「暗黙の了解」「言わなくても分かってくれるだろう」はアメリカとの交渉にはありえません。言葉できちんと伝えなくてはならないのです。

FIRST CLASS EXPRESSION

迅速に決定する！

VARIATION

●納期交渉の時の表現いろいろ

Shall we discuss the delivery date?
納期について話し合いましょうか？

How long will it take for delivery?
納期はどのくらいかかりますか？

We'd like delivery in three weeks.
納期は3週間頂戴したいと思います。

We don't have any stock right now.
現在在庫がありません。

Normally it takes 35 days to ship by sea from Japan to U.S.A.
通常海上運送すると日本からアメリカまで35日間かかります。

Can't you make the shipment a little bit earlier?
もう少し、船積みを早くすることはできないでしょうか？

We can't tolerate any delays.
遅延は認めることはできません。

What is your earliest shipping date?
一番早い出荷日はいつでしょうか？

SITUATION 04

交渉で「支払いは現金でお願いいたします」と言いたいのに

{ **We'd like you to pay by cash.** }

と日本語に適さない英文を作っていませんか？

職種や社会的階層によってもちろん変わってきますが、一般的にはアメリカ人との交渉では交渉のスタイルはカジュアルです。話の合間にジョークを挟んだりすることもありますし、礼儀に特段こだわることはしません。

大事な交渉の会話中に足を組んだりしているアメリカ人を礼儀知らずと思う方もいるようですが、正式な場でアメリカ人にとって足を組むことは非礼ではありません。そういう文化の違いを知っておくことは大切です。

また、日本は「根回しの文化」と言われるぐらいですので、非常に人間関係をビジネスに持ち込みます。でも、これもアメリカは反対です。人間関係よりも業務を遂行するほうが大事です。

FIRST CLASS EXPRESSION

We'd like to ask you for payment in cash.
支払いは現金でお願いいたします。
pay in cash　現金で支払う

VARIATION

●支払い条件を話す時の表現いろいろ

Shall we talk about transaction and payment conditions?
取引と支払い条件についてお話しいたしましょう。

How do you propose to pay?
どのようにお支払いされますか？

The price is ex-factory.
この価格は工場渡しの場合です。

An L/C isn't acceptable to us.
信用状はお受けできません。

Could we ask you to accept with a letter of credit in 60 days?
信用状60日でお願いできませんでしょうか？

If it's possible, could you please issue the irrevocable and confirmed letter of credit at sight?
もし可能でしたら、一覧払い、取り消し不能信用状でお願いできませんでしょうか？

L/C (Letter of Credit)　貿易決済を円滑化するための手段として、銀行が発行する支払い契約書

SITUATION 05

品質保証についての交渉場面で「保証期間は1年です」と言いたくて

> **The security period is one year.**
> 防衛保障期間は1年です

と、どこかしっくり来ない言い方をしていませんか?

フランス人との交渉とアメリカ人との交渉で一番違う点は、スタイルがフォーマルとカジュアルであるということではないでしょうか。

フランス人との交渉は、会ってすぐに打ち解けた感じでファーストネームで呼び合うこともあるようなアメリカ人のスタイルとは対極にある感じです。

そしてそのフォーマルさは継続的に必要です。ジョークを飛ばすような雰囲気ではありませんし、相手に「親近感」を求めることはしないようにしたほうがよいです。個人的な話はこちらからしないほうがよく、世間話は早々に切り上げて交渉に入るスタイルが理想です。

議論をしながら合意をつくり上げることが普通です。

FIRST CLASS EXPRESSION

The guarantee period is one year.
保証期間は**1**年です。
security 「安全・安心・防衛・保護・(財政上の) 安定・保証 (安全的なもの)」
guarantee 「商品の保証書・保証・担保・抵当」
商品の保証に関しては **guarantee** が適切です。

VARIATION

●品質保証や保険について話す時の表現いろいろ

What is the guarantee on this product?
この製品の保証はどうなっていますか？

We are prepared to provide a limited warranty.
限定的な保証を提供する用意はあります。

During the guarantee period, if the product shows any defects, we will replace it.
品物に欠陥があれば、保証期間中は交換します。

We'll send you our standard clause for warranty.
当社の標準的な保証条文をお送りいたします。

We'll repair the defective part free of charge.
不備な部分は無料で修理いたします。

If the guarantee period is over, we have to ask that you pay the repair cost.
保証期間終了後は修理代を頂戴することをお願いしております。

SITUATION 06

フランス人との交渉で契約書作成段階に入り「代理店契約の主な規定項目は何でしょうか?」と聞きたくて

{ **What are main category of the agent contract?**
代理店契約の主な部門は
何でしょうか }

と、ニュアンスの少し違う聞き方を
していませんか?

友人がフランスに留学した時にびっくりしていたことがあります。フランス語のテキストには、議論する時、相手に不満を言う時、説得する時、罵倒する時、事を主張する時、事の理由を説明する時に使うフレーズがかなりのページを占めていたそうです。そんなフレーズが必要ないと思っていた彼女は、その後間もなくそれらがいかにフランスでは必要なフレーズだったか知ることになったそうです。

FIRST CLASS EXPRESSION

What are the main provisions of the agent contract?
代理店契約の主な規定項目は何でしょうか？
category 「部種・科・部門」
provision 「規定・条件」

VARIATION

●契約書作成について話す時の表現いろいろ

We'd like to ask you to make two sets of the agreement.
2通の契約書を作成していただきたいです。

The main provisions of the sales agreement are price, delivery and terms of payment.
主な販売契約項目は、価格と納期そして支払い方法です。

We'd like to specify that the agreement be valid for one year.
契約書の有効期間は1年にしたく思います。

We'll take care of it.
こちらが作成しましょう。

Could you review the details with the person in charge?
詳細は担当者と再考していただけますでしょうか？

SITUATION 07

イギリス人との交渉でいきなり断りもなく、自分の意見を述べていませんか?

{ My opinion is like this. }
私の考えはこんな感じです

イギリスに行かれたことのある方ならば肌で感じられたと思うのですが、重厚な歴史に基づく上流社会と労働者という階級が、生まれながらに明確で 格差社会だと思います。アメリカとはここは大きな違いではないかと感じます。礼儀と伝統を重んじる国で騎士道の国。家も100年以上経過したものが多くあり、古いものを大事に使うイメージがあります。新しもの好きのアメリカとこの点では反対だと思います。

必然的に交渉はフォーマルな形を取ります。ですので、あまりプライベートな話や世間話を長くせずに交渉に入ってください。

メールなどで連絡を持った後に実際にイギリスで対面で交渉する場合は、あまり若い社員を向かわせず、少し年配の者にあたらせたほうがよいかもしれません。資格よりも経験を重視するような部分があり、現に MBA を所持している若い社員よりも年配の社員のほうが交渉がスムーズにいったというお話はよく聞きます。

FIRST CLASS EXPRESSION

フォーマルな礼儀を重んじる国です。必ず以下のような前置きを置いてから意見を述べましょう。

Could I talk about our opinion?
こちらの意見を述べてもよろしいでしょうか？
We'd like to make some comments.
いくつかコメントをさせていただきたいのですが…。
I'd like to say something.
申し上げたいことがあります。

VARIATION

●意見を述べる時の表現いろいろ
I'm afraid I can't agree with you.
残念ながら同意しかねます。
I completely agree with you.
あなたの意見に全面的に賛成です。
We have a slightly different opinion.
こちらは少し違った意見です。
We have a different point of view.
こちらは違った見方です。
I'm not sure if that's quite right.
私にはそうとは思えないのですが…。
I know what you mean, but ....
おっしゃることは分かりますが…。
You have a point there, but ....
たしかにそうですが…。

SITUATION 08

クレームをめぐる交渉場面で「このような手違いは二度と無いと思います」と言いたいのに

{ **This kind of thing will never happen.**
こんな種類のことは
二度と起きません }

と、ビジネス英語では?な感じのことを
言っていませんか?

覚えておきたいビジネスで必要な用語　1
outsourcing　アウトソーシング
safe control　安全管理
ROA (Return on Asset)　総資産利益率
ROS (Return on Sales)　売上利益率
sales amount　売上高
withholding of goods　売り惜しみ
working capital　運転資本
business line　営業品目
foreign affiliate　外資系企業
corporation　株式会社

FIRST CLASS EXPRESSION

We are sure that such a mix-up will not happen again.
このような手違いは二度と無いと思います。
be sure that 〜を使うことによって二度とないようにするという気持ちが伝わります。
mix-up 「手違い・ゴタゴタ・混乱」
What caused this mix-up?
何がこのゴタゴタの原因なのですか？

VARIATION

●クレームをめぐる表現いろいろ

We are sure that we packed the same quantity as on your order sheet.
当方では、そちらの注文書のとおりの数量を、間違いなく入れました。

We don't think that the quality is inferior to the sample.
品質がサンプルより劣っているとは思いません。

Some products are broken due to bad packaging.
梱包が良くなかったので製品が壊れております。

Concerning the broken products, we will send the fallback product by air.
破損した製品については航空便で代替品をお送りいたします。

SITUATION 09

注文した商品のキャンセルが必要になったので「残りの商品をキャンセルすることは可能でしょうか？」と聞きたいのに

Can we cancel the remainder of products?

商品の残留物をキャンセルすることは可能でしょうか

と、なんとも伝わりにくい表現をしていませんか？

覚えておきたいビジネスで必要な用語　2
shareholders' meeting　株主総会
audit　監査
affiliate company　関連会社
core business　基幹事業
dubious business practice　企業の問題行為
sales per customer　客単価
cash flow　キャッシュ・フロー
competitiveness　競争力
business partner　共同経営者
management　経営
the management　経営陣

FIRST CLASS EXPRESSION

Is it possible to cancel the rest of the order?
残りの注文をキャンセルすることは可能でしょうか？
the rest of 〜　残りの〜
rest　残り・残部・残余
You should keep the rest for yourself.
残りはあなたがとっておいたほうがいいですよ。

VARIATION

●注文商品のキャンセル交渉をめぐる表現いろいろ

What time is the time limit for making a cancellation?
いつまでがキャンセル可能の期限でしょうか？
I would like to cancel the item I ordered.
注文した商品をキャンセルしたいと思います。
Are there any cancellation charges?
キャンセル料金はかかりますか？
Could you submit your cancellation charges?
キャンセル料金を提示していただけますか？
Could you refund the full amount?
全額返金していただけますか？
We are very sorry for cancelling the order.
キャンセルして申し訳ございません。
Do you want to cancel it completely?
完全にキャンセルされますか？

SITUATION 10

交渉相手に「今回の交渉においては両者に有利な結果にしたいと思っております」と言いたいのに

> **We would like to have the profitable result of negotiation for both of us.**
>
> 今回の交渉においては両者に儲かる結果にしたいと思っております

と、なんとな〜くピンとこない言い方をしていませんか？

覚えておきたいビジネスで必要な用語　3
public utilities　公共事業
entertainment expenses　接待費
joint venture　合弁事業
joint venture company　合弁会社
subsidiary　子会社
creditor　債権者　　capital　資金
financial statements　財務諸表
Chief Executive Officer　CEO　最高責任者

FIRST CLASS EXPRESSION

We would like to have a win-win result on this negotiation.
今回の交渉においては両社に有利な結果にしたいと思っております。

win-win negotiation はビジネス界では一時期流行語になりましたね。この一語で表現したほうが英文がビジネスらしくなります。

win-win negotiation は成功すれば大きな利益になりますので、英語表現も相手に敵対心を持たせない表現方法が要求されます。

これと相対するのが **win-lose negotiation** です。

VARIATION

●win-win交渉をめぐる表現いろいろ

We should aim for mutual benefits.
双方の利益を追求したほうがいいです。

We would like to have a long-term profit to a short-term one.
短期よりも長期の利益を持ちたいと思っております。

We would like to discuss based on your costs.
そちらのコストを元にした話し合いを持ちたいと思います。

Do you have any objection to using the actual cost data?
実費のデータを使うことに何か異論はございますか？

SITUATION 11

大事な交渉場面で相手に誤解されていると感じたので「まったくそのようなつもりはございません」と言いたくて

That's not my point.
違うよ！

と相手にケンカを売っていませんか？

覚えておきたいビジネスで必要な用語　4
founder's profits　創業者利益
break-even point　損益分岐点
multinational company　多国籍企業
consulting before bidding　談合入札
small and medium sized business　中小企業
long-range management planning　長期経営計画
articles of incorporation　定款
business partner　提携先
special public corporation　特殊法人
dummy company　トンネル会社
seniority system　年功序列制度
a yearly turnover　年商　　bankruptcy　破産
window-dressing settlement　粉飾決算

FIRST CLASS EXPRESSION

That's not what I meant at all.
まったくそのようなつもりはございません。
誤解されているかもしれないと気がついたらとにかく早く誤解を解く必要がありますが、このような場面での英語が思いつかないとおっしゃる方が多かったです。ぜひ、ご活用ください。
mean には「意味する」以外に「つもりである・本気で言う（思う）」という意味がありよく使われます。

VARIATION

●誤解を解く時の表現いろいろ
That isn't quite what I said.
それは私が申し上げたこととは違っております。
I'm afraid that we're talking at cross-purposes.
どうも話がかみ合っていないようなのですが…。
I think there is a slight misunderstanding.
少し誤解があると思うのですが…。
I'm sorry if I wasn't clear.
私の言葉がはっきりしなかったのなら申し訳ございません。
Could you let me put it in another way?
別な言い方をさせていただけますでしょうか？
I think I haven't made myself clear.
私の言葉が足りなかったのだと思います。

SITUATION 12

交渉時に「原則としては同意しております。しかし、宣伝の項目については納得できない点もございます」と言いたいのに

Basically I almost agree with you, but I disagree with commercial items.

基本的にはあなたに同意しているよ。でも、宣伝項目では絶対に反対!

とビジネスパーソンに相応しくない、しかも言い方も間違えているような発言をしていませんか?

覚えておきたいビジネスで必要な用語　5
variable costs　変動費　　promoter　発起人
an estimated amount　見込み数字
holding company　持株会社
director　取締役
board meeting　役員会議

FIRST CLASS EXPRESSION

I agree in principle, however, I can't agree with commercial items.
原則としては同意しております。しかし、宣伝の項目については納得できない点もございます。

disagree は「異議がある」という意味の通り、少しきつい言い方になります。それよりは「同意しかねる」という言い方にしたほうが、相手の心情を考えると、その後のビジネスもスムーズに進むと思います。

VARIATION

●相手の主張への反応の表現いろいろ

I agree with you on the whole, but I have some concerns about the payment.
全体的には賛成ですが、支払いについてはいくつか懸念があります。

I agree with you for the most part.
ほとんどの点については賛同いたします。

I'm afraid I can't agree.
残念ながら合意できかねます。

There are some parts I agree to, and others I don't.
賛成できる点とできない点がございます。

I'd like to suggest another way of looking at it.
その件について別な見方をご提案したいです。

SITUATION 13

韓国での交渉場面でどうしても即答できないので時間稼ぎのために「申し訳ないのですが、正確な数字が現在手元にございません」と言いたくて

I'm sorry. I don't have the right numbers now.

ごめんなさい。正しい数字を今、持ってません

と、なんだか子供っぽい言い方をしていませんか？

韓国人は友好的です。コミュニケーションは直接的なので、交渉時にもそういった部分が前面に出ることがあります。以前生徒さんだった貿易会社の社長様は、初めて韓国人の方と交渉の場を持った時に、初対面なのにものすごく急かされて、少し待って欲しいと申し出るといきなり語気が強まり喧嘩腰になったので、すごくびっくりしたとおっしゃっていました。この方以外にもこういった話はよく聞きます。一方でとても面倒見がよいというお話も聞きます。韓国は儒教の国であり、個人よりも集団が重視される国でもあります。

FIRST CLASS EXPRESSION

I'm afraid I don't have the exact number here.
申し訳ないのですが、正確な数字が現在手元にございません。

right は「(一般常識や社会道徳に照らして)正しい・当然の・(事実に)適合した」という意味であり、数字には適しません。また **exact** は寸分の違いもなく正確だということを表します。

VARIATION

●時間を稼がなくてはならない時の表現いろいろ

We need more time to think about this.
この問題については考える時間がもっと必要です。

Could I sleep on this?
この件について一晩考えさせていただけますか？

I'll check on that.
その件は確認いたします。

Could you give me one more day?
もう一日頂戴できますでしょうか？

I think we should discuss this issue later.
この問題は後で話し合ったほうが良いかと思います。

We need two more days before answering your question.
ご質問にお答えするのにあと2日間必要です。

That's confidential information.
それは極秘情報なのです。

SITUATION 14

いつもはとてもゆっくりペースの交渉相手国の中国が、なぜかとても答えを急いできたので

Why do you hurry?
なんでそんなに急ぐの?

と子供っぽい聞き方をしていませんか?

中国との交渉はやりにくいと言われています。事前にかなり完璧に準備することが必要です。契約が成立する前に何度か訪問するのは極めて普通のことです。なぜなら中国では人間関係がとても重視されるからです。人間関係の構築と契約成立は切っても切れないもので、コミュニケーションは日本人と似ていて間接的です。「ノー」をはっきり言うことは避けようとします。「検討します」「どちらともいえません…」のようにお茶を濁されたような感じのあった時には、「ノー」と思ったほうが良いかもしれません。
実際に中国と初めて取引する時は、単独で行おうとせず、仲介者を入れている方が多いです。そのほうが成功する確率は高くなります。

FIRST CLASS EXPRESSION

Could you explain why you need such a hasty conclusion?

どうしてそんなに結論を急ぐ必要があるのか説明願えますでしょうか？

いきなり Why 〜? と始めるのは時にとてもぶっきらぼうな印象を相手に与えます。特にビジネスの場では、まして相手国との交渉の場では相応しいとはいえません。

hasty 「急な・迅速な・早まった」

Mr. Collins' judgment was inexcusably hasty.
コリン氏の判断が性急であったことは弁解の余地がない。

VARIATION

●返答を急ぎ迫られた時の対応表現いろいろ

If it's possible, could you let me know the reason why you need the conclusion in such a hurry?
もし可能でしたら、そんなに結論を急ぐ理由を教えていただけますか？

Could I get back to you on Wednesday?
水曜日にお返事させていただいてもよろしいでしょうか？

I think we shouldn't rush to our conclusion.
結論を急がないほうが良いと思うのですが…。

SITUATION 15

人間関係を交渉事でも重視するサウジアラビアで、交渉相手に部下が不適切な発言をしてしまったので「今井が感情的になり、不適切な発言をしてしまいました」と謝罪の最初で言いたいのに

> **Mr.Imai was emotional and said the wrong thing.**
> 今井が感情的になり、間違ったことを言いました

と、上司として?な始め方をしていませんか?

> サウジアラビア人は一般的に交渉上手と言われています。石油が発見される前は貿易が主でしたので、抜け目ない交渉の上手な人達が育ったわけです。現在も普段の日常生活の中から「価格交渉」は当たり前のことです。むしろ、それを人々は楽しんでいるようでもあります。

FIRST CLASS EXPRESSION

I'm afraid Mr.Imai got emotional and made some inappropriate remarks.
今井が感情的になり、不適切な発言をしてしまいました。

inappropriate 適切でない・妥当でない・似つかわしくない

This is an inappropriate suit for this occasion.
これはこの場にはふさわしくないスーツです。

remark（名詞） 注目・観察・発言・言及・意見

I should be pleased to have your remarks.
ご高見をお聞かせいただけましたら幸いでございます。

VARIATION

●失言をお詫びする時の表現いろいろ

It would be grateful if you could kindly overlook his comments.
彼の発言をお見逃しいただけましたら幸いです。

I apologize on behalf of Mr. Imai for his impolite behavior.
今井にかわって彼の失礼な行動をお詫びいたします。

I feel very sorry for my rude remarks.
失礼な発言をしたことを本当に申し訳なく思っております。

I'm terribly sorry for offending you.
ご気分を悪くさせてしまい、申し訳ありません。

SITUATION 16

サウジアラビアでの交渉時に、相手に不快感を与えないような言い方で「1つご提案したいことがあります」と言いたくて

{ **I have one suggestion.**
1つ提案がある！ }

と言って、いきなり相手にマイナスイメージを与えていませんか？

サウジアラビアでのマナー＆常識続編
・最年長者と最初に握手すること
・自分から話題の変更をしないこと
・プレゼントは親しい人のみにしかしないこと
・どうしてもプレゼントが必要な場合は、品質保証がなされている最高の物を贈ること
・旅行のお土産などを配るのは失礼にあたるのでしないこと
・女性を先に行かせるいわゆる西欧諸国の「レディファースト」は、女性の後姿を見る猥褻(わいせつ)な目にさらすという意味で、サウジアラビアでは歓迎されない
・豚肉・お酒・ポルノは禁止
・1日5回の祈りの時間にはお店も閉まり、一切の営業は行われない

FIRST CLASS EXPRESSION

I would like to make one suggestion.
1つご提案したいことがございます。

VARIATION

●提案する時の表現いろいろ

We'd propose our new plan.
私達の新しい計画を提案いたします。

Don't you think we should hold off until tomorrow?
明日まで待つべきだと思いませんか？

How about considering this issue?
この点をよく考えることについてはどうですか？

I'd like to suggest that these payment terms are very important to us.
この支払い条件が当社にとってとても大事であることを提案したいと思います。

We would make a proposal now.
只今から提案をさせていただきたく思います。

How can I impress upon you the emergency of the situation?
どうしたらこの緊急事態を認識していただけるのでしょうか？

impress 印象を与える・痛感させる・刻み付ける

SITUATION 17

対立を嫌う別名「微笑みの国」であるタイ人との交渉で「お願いしたい条件が1つあるのですが…」と言いたくて

{ **I have a request of condition.**
条件のリクエストがある! }

なんて、上から目線の言い方をして、相手に不快感を与えていませんか?

> タイは私が JAL CA 時代に JALWAYS というタイ人 CA がメインで飛ぶ子会社が作られ、そこにインストラクターとして出向していたこともあり、非常に多く行った国です。そこでタイの文化について学んだので、現在ビジネスで行かれる方にも多くアドバイスさせていただいております。
> この国も独特の文化があり、西欧文化とは違った特性があるので、交渉をされる際には中近東同様、きちんとした下調べが必要かと思います。タイは年中暑い国ですから人々の行動はスローです。
> また、人口の95％が仏教徒であり、その影響も強く受けています。考え方も保守的です。したがって「争い・対立をとても嫌う」のです。

FIRST CLASS EXPRESSION

We would like to request one condition.
お願いしたい条件が1つあるのですが…。
condition　条件・状態・情勢
We have to accept the harsh conditions.
我が社はその厳しい条件を受け入れなくてはなりません。

VARIATION

●条件に関係する表現いろいろ

Could I specify our detailed requirements?
詳細な条件を具体的にさせていただいてよいでしょうか？

We'll submit new conditions this Friday.
金曜日に新しい条件を提出させていただきます。

We accept your proposal, subject to certain conditions.
一定の条件付きで御社のご提案をお受けいたします。

We are inclined to accept your conditions.
御社の条件をお受けする方向です。

Frankly speaking, I don't think that your condition is acceptable.
率直に申し上げますと、御社の条件には同意できかねます。

Your conditions are too difficult to meet.
御社の条件は厳しすぎて満たすことができかねます。

SITUATION 18

珍しく感情的になっている交渉相手に対して「これを論理的に話し合うべきだと思います」と言いたくて

> **We should talk this logical.**
> この論理的な話をすべきです

と英文として成り立たない言い方をしていませんか？

タイ語に「マイペンライ（気にしない・問題ない）」という言葉がありますが、タイを知る人達は「この一語がタイ人のすべてを物語っている」とよくおっしゃいます。同感する部分もありますね。お客様にお飲み物をこぼしてしまったのに、いつもの生活の中でほとんどのことを「マイペンライ」で済ましているからなのか、ビジネスクラスのお客様に「だいじょーぶ」と、訳の分からないことを言って怒らせてしまい、結局日本人である私がお客様から呼ばれて「いつから日本航空はタイ航空になったんだ！」と怒られ…でも、その横で当の本人は「微笑みの国」出身なので、微笑んでいるではないですか。お客様の怒りは頂点に…とにかくそんなことの繰り返しのフライトでした。

FIRST CLASS EXPRESSION

We should discuss this logically.
これを論理的に話し合うべきだと思います。
logical（形容詞） 論理的な・筋の通った・当然の
Your conclusion was perfectly logical.
御社の出した結論が完璧に論理的です。
logically（副詞） 論理的に・必然的に
Such a kind of thing is logically impossible.
そんなことは論理的に不可能です。

VARIATION

●相手が感情的になっている時に使う表現いろいろ
We should try not to become emotional.
感情的にならないようにしたほうがいいです。
I'd like to ask you not to get emotional about our discussion.
話し合いでは感情的にならないようにお願いしたいのですが…。
We should hold back our emotions.
お互いに感情を抑えたほうが良いですね。
Could you tell me the cause of concern?
ご心配されている原因を教えていただけますでしょうか？
I would like to know why you are so upset.
なぜそんなに気分を害されているのか教えていただきたいのですが…。

SITUATION 19

シンガポール人との交渉の場でこちらに不利になりそうな場面になり内部で相談する時間を持ちたくて「もう3時半ですね。コーヒーブレイクしませんか…」と言いたいのに

> **It's still three thirty. Let's have a coffee break.**

まだ3時半です。
コーヒー・ブレイクしましょう!

と、意味の通じない英語を話していませんか?

私が現役で飛んでいた頃は、JALはシンガポール人CAも雇用しており、彼女たちはまるでモデルか女優かと思うほど綺麗でものすごくスタイルが良く（本当に細い子たちばかりでしたね…スカートサイズは5号の子が大半でした）、暑い国なのに仕事もきちんとする子達が多かったです。シンガポール航空では、あの全身のラインの出る制服は入社時に採寸したサイズから変化することは許されず、太ってサイズが合わなくなったら退社しなくてはならないそうです。

FIRST CLASS EXPRESSION

It's already three thirty. It seems a good time to take a coffee break.
もう3時半ですね。コーヒーブレイクに良い時間ですね。

break（名詞） 小休止・休憩・破壊・ひび・番組の中断

For this once I'll give you a break.
今回だけは大目にみましょう。

VARIATION

●先送りや時間稼ぎをしたい時に使う表現いろいろ

We need to talk among ourselves in detail about this matter. If you don't mind, could we recess for twenty minutes?
この問題について内部で詳細な話し合いをしたいので、もしよろしかったら20分間休憩させていただけませんか？

I think we are at a good time to break off. Why don't we have lunch now?
切りが良いと思いますので、お昼にしませんか？

Could I come back to you tomorrow on this matter?
この件につきましては明日対応させていただいてもよろしいでしょうか？

SITUATION 20

交渉相手の申し出をお断りしなくてはならない状況で「今後また機会を頂戴できましたら幸甚でございます」と言いたくて

Please give me another chance.
別の機会をください

と礼儀に欠ける言い方をしていませんか？

インドとのビジネスは数年前から活発になっており、交渉英語の指導をさせていただいた生徒さんの中でも交渉に大成功された方がいらっしゃいます。交渉が幼い頃から日常生活の中に組み込まれているインド人に高値を掴まされて損をする日本人が非常に多い中、この国を相手に成功するためには、この国の文化をかなりきっちり理解した上で臨む必要があります。インドの大企業は一族経営がほとんどです。オーナー企業のヘッドは現場の中枢を担っていることが多いです。つまり交渉の場にそういった人達がやってくるわけです。ここで、日本企業特有の「決定権の無い人達」が何人か集まって行く交渉パターンを使ったら、交渉の場すら与えてもらえないこともあります。

FIRST CLASS EXPRESSION

Could you allow me to ask you to keep the door open?
今後また機会をいただけますでしょうか？
keep the door open　機会を与える

VARIATION

●残念な状況の時に使う表現いろいろ

I'm very sorry that we were unable to reach an agreement. But we really hope to do more business with you in the near future.
合意に達することができず、本当に残念ですが、近い将来一緒にビジネスができることを期待しております。

If the situation changes, I really hope that we can speak in the future.
もし状況が変わりました時には、先々お話しさせていただきたく思います。

I'm having trouble (in)understanding this doesn't seem to match the spirit of what we agreed on.
私達が合意した趣旨とこれは一致していないようで理解に苦しみます。

This paper doesn't match up with what you said before.
この書類はあなたの以前の発言と一致しません。

COLUMN 4

ネマワシハダイジデス？

転勤で日本支社に来た外国人と、海外支社に行った日本人、どちらのほうが相手国での仕事や生活をやりにくいと不満を感じる率が高いのでしょうか？

仕事柄、転勤が決まった（もしくは決まるだろうと予期されている方）方の「駆け込み寺的英会話レッスン」をお受けすることも多いです（なぜか、レッスン途中で「あの…同行するので、妻のほうもレッスンをお願いしたいのですが…」と言われることも多いのですが…笑）。その際、必ず赴任先のお国事情（習慣・文化）

や海外でのビジネスマナーについても英会話と一緒に教えさせていただくのですが、皆さん一様に「英語も役立ったけれど同じくらい、いやむしろ上回るくらいあのレッスンは役立ちました」と赴任後、メールで現地での様子を知らせてくださいます。

例えば日本のようにビジネスにおいて「過程」を大事にする習慣の中にいて、知らずに転勤するとアメリカの「結果重視」の社会習慣に驚いてしまいます。リスク回避を大きく見る日本の社会習慣をそのまま赴任先のアメリカでも行おうとすれば、相手をイライラさせ、せっかくのチャンスを逃すかもしれません。行く先の国の文化や習慣をいかに尊重するかが、他国で生活する中で「自分を楽にさせる」だけでなく「ビジネスをスムーズに進める」上でも大きなカギとなります。

外国人の友人の中に長く日本支社長をされている北欧人の方がいます。10年近く日本に在住されていますが、日本での生活を満喫されています。その「満喫」ですが、あえて「日本式」を受け入れていらっしゃるからだと感じます。取引先からの接待の席には社長自ら赴き日本全国を飛び回っていらっしゃいますし、土曜日に一人出勤や夜遅くまでの残業もされます。「ギョウセキガワルカッタラ、シャチョウモドリョクシナクテハ…」プライベートを重んじるヨーロッパの人達か

らすると午後7時以降に働くのは習慣としてありえないと思うのですが、そこは日本の企業習慣を受け入れて文句ひとつおっしゃいません。

日本の根回し文化についても好意的で「センジツモニイガタマデイキマシタヨ。ネマワシハダイジデス」等と流暢（りゅうちょう）な日本語でおっしゃいます。でも、奥様は「北欧に帰るとすぐにスイッチが入ったように北欧人に戻って、自己主張が始まるのですよ」と笑っておっしゃいます。そうです！　このスイッチが大事なのですよね。どこに行ってもその国の文化や習慣を受け入れるスイッチを持つこと。決してそれは「〜かぶれ」ではなく、自国の文化や習慣を大事にしつつ、他国の習慣や文化も受け入れるという「賢いグローバルパーソンの流儀」なのだと思います。

ビジネス英語に必須の文法1
助動詞

分かっていると思いがちで実は日本人が弱い助動詞。きつい言い方になってしまう助動詞を知らずに使っていたら、成功するビジネスも成功しなくなってしまうことも…今一度復習しましょう。

will　　強さ　最強

未来に使う助動詞だと思われている **will** ですが、これを相手に（つまり **you** を主語にして）使ってしまうと、非常に強い強制を意味します。ともすると **must** と同等かそれ以上の強さになります。

You will make an annual report by tomorrow.
明日までに年次報告書を作るように。

must　　強さ　強

やはり **you** を主語にして言うのならば強制力があります。目上の人に使うには相応しくありません。

You must submit the weekly report by this afternoon.
今日の午後までに週間報告書を提出するように。

have to　　強さ　強中

must よりは弱いです。ただ、ネイティブはこちらよりも **have got to** を使用するほうが多いです。外から

の強制力で「しなくてはならない」と言いたい場合にはmustではなくhave to、そしてよりネイティブに近づくならばhave got toと覚えておくと良いでしょう。

I have to finish this project by the end of this month.
I've got to finish this project by the end of this month.
今月末までにこのプロジェクトを終わらせなくてはならない。

need to　　　強さ　中

「〜する必要がある」という意味なので「しなくてはならない」ことに変わりはないのですが、強さはあまりないのでビジネスでも頻繁に使用されます。

We need to summarize this story by tomorrow.
明日までにこの話をまとめる必要があります。

had better　　　強さ　中

日本人がよくshouldと比較して「〜したほうがいいですよ〜」というイメージの優しい言い方だと誤解している助動詞です。こちらは実際は「〜すべきです（しないとよくないです）」という意味ですので、使用方法を間違えないようにしてください。

You had better make an annual report by tomorrow.
明日までに年次報告書を作っておくべきです。

should　　強さ　　弱

「〜したほうがいいですよね（そのほうが望ましいですね）」という意味でありまったく押し付けがましい印象がありません。日常会話でもビジネスでも頻出の助動詞です。

You should make an annual report by tomorrow.
明日までに年次報告書を作っておいたほうがいいですよね。

I think you should make a statement of accounts with Mr. Kinoshita.
木下さんと一緒に決算報告を作ったほうがいいと思いますよ。
（I thinkを付けることで更にやわらかい言い方になります）

ビジネス英語に必須の文法2
can・may/mightの使い方いろいろ

can
canは「〜できる」という意味の助動詞以外にもいろいろな使い方があります。

疑問の推量
「〜のはずがあるだろうか？」

Can (Could)＋主語＋動詞……?
Could his company be cheating on its taxes?
彼の会社が脱税していることなどあるだろうか？
　　　cheat on one's taxes　脱税する
Could he take a bribe?
彼が賄賂を受け取るはずがあるだろうか？
　　　take a bribe　賄賂を受け取る

否定の推量
「〜のはずがない」
can't (couldn't)＋状態動詞
This can't remain on the shelf.
これが売れ残るはずがない。
　　　　　remain on the shelf　売れ残る
It can't be true.
それが本当のはずがない。
Our house couldn't be under mortgage.
私達の家が抵当に入っているはずがない。

可能の推量
「〜する可能性がある・ありうる」
These things can happen.
Things can happen.
そういうこともあるさ。
Our vice-president could be fired because of a window-dressing settlement of accounts.
当社の副社長は粉飾決算で解雇になるかもしれない。

許可
「〜してもよい」
mayよりも話し言葉でよく使われます。
You can't say anything about it.
そのことについて口外してはいけませんよ。
You can't do that.
そんなことをしてはいけませんよ。

may/might
may/mightは「〜かもしれない」という使い方をします。どちらも日本語にすると同じですが、ニュアンスが少し違ってきます。**may** よりも**might**のほうが可能性が低い印象を与えます。

He might forget to fax the document to IRC Corporation.
彼は**IRC**コーポレーションにファックスするのを忘れたのかもしれません。

If you sell these parts for less than $100, they might sell like hotcakes.
この部品を**100**ドル以下で売れば、飛ぶように売れるかもしれません。

　　　sell like hotcakes　飛ぶように売れる

ビジネス英語に必須の文法3
使役動詞と知覚動詞の使い方いろいろ

どうしても人を主語にして文章を作ってしまいがちではないですか？　使役動詞が使いこなせるようになると俄然(がぜん)英語のフレーズの種類も増えて、ビジネスでも便利になることは間違いないです。それぞれの使い分けに注意してください。

make
「させる」という強制力をもっている。
make＋人＋動詞の原形
My senior made me help him with his work.
私の上司は私に彼の仕事を手伝わせました。
He made me transfer the money.
彼は私にお金を振り込ませました。

have
「させる・してもらう」の意味があるが、makeのような強制力はない。
I'll have someone pick you up at Tokyo station.
誰かに東京駅にあなたを迎えに行かせます。
Could I have him call you back?
彼に折り返し電話させましょうか？

let

許可するニュアンスの「させる」

Please let me know your schedule.
私にあなたのスケジュールを教えてください。

知覚動詞　see、watch、hear、feel

知覚動詞＋人＋動詞の原形「人が〜するのを見る・聞く・感じる」

I saw Mr.Edwards cross the street.
エドワーズ氏が通りを横切るのを見ました。

I heard someone come in.
誰かが入って来るのが聞こえました。

Everyone felt the building shake.
誰もがビルが揺れるのを感じました。

知覚動詞＋人＋現在分詞「人が〜しているのを見る・聞く・感じる」

I saw Mr. Edwards crossing the street.
エドワーズ氏が通りを横切っているところを見ました。

I heard my co-workers talking about me the other day.
先日同僚が私のことを話しているのを聞いた。

I watched Robin making a speech in front of 200 people.
ロビンが200人の前で演説しているのをじっと見た。

知覚動詞＋人＋過去分詞「～されるのを見る・聞く・感じる」
I saw him scolded by Mr. Baker.
私は、彼がベーカーさんに叱られているのを見た。
I saw the door opened.
私はそのドアが開けられたのを見ました。

ビジネス英語に必須の文法4
動名詞・不定詞

動名詞
動詞のing形を使って「～すること」を表した形。文章の主語・目的語・補語になれます。

１．主語
Overworking isn't good for either physical or mental health.
働き過ぎは心身の健康によくありません。
Living in Paris is gorgeous.
パリに住むことは素晴らしいです。

２．目的語
You should avoid whispering during the meeting.
会議中には私語は避けるべきです。

We have started doing market research.
私達は市場調査に取りかかったところです。

3．補語
His worst habit is biting his nails like a child.
彼の一番悪い癖は子供のように爪を噛(か)むことです。
My job is teaching English to executives.
私の仕事は経営陣に英語を教えることです。

不定詞
to＋動詞の原形
１．「〜すること」
「ゴルフをすることは私の趣味の**1**つです」を英文にする時に、
自然　　**Playing golf is one of my hobbies.**
不自然　**To play golf is one of my hobbies.**
となるのはなぜでしょうか？　一般的に現実味のある話の時には動名詞を使います。この例文の場合、趣味ということは実際にしたことがあるに決まっていますね。**to**不定詞ではなく動名詞を使うのが普通です。逆に経験のないことや現実味のないことには**to**不定詞を使ったほうが自然です。
My dream is to live in Italy.
私の夢はイタリアに住むことです。
２．「〜するための」「〜するような」「すべき」
We need a staff to perform secretarial duties for the president.

社長の秘書業務をするためのスタッフが必要です。
I have a lot of work to do this week.
今週はすべき仕事がたくさんあります。

3．「〜するために」「〜して…になる」

I have always done my best to satisfy my boss.
私は私の上司の要望を満たすため常に全力を尽くしてきました。

He grew up to be a doctor.
彼は成長して医者になった。

※ **advise、agree、choose、decide、expect、forget、hope、learn、plan、promise、want、wish** などの動詞の後は不定詞だけがおかれます。

I decided to resign as president.
私は社長を辞任することを決めました。

ビジネス英語に必須の文法5
現在完了

過去から現在までの間のことに使用する文法です。
基本形 主語＋ **have (has)** ＋過去分詞

1．過去から現在に至るまでの継続

「ずっと〜です」「ずっと〜しています」
I have known him for ten years.

私は彼を**10**年間知っています。

She has been writing a report since she came to the office.

彼女はオフィスに来てからずっと報告書を書いています。

（動作の継続には現在完了進行形を使います）

２．現在までの経験
「～したことがある」

I have never learned how to run a business.

私は一度も経営の方法を学んだことがありません。

I've read this book twice.

この本を2回読んだことがあります。

I've been to Monaco once.

私は一度モナコに行ったことがあります。

（本人は今ここにいます）

３．過去の動作が現在に及ぼしている結果
「（～した結果）今も～です」

He has gone to Monaco.

彼はモナコに行ってしまいました。（その結果ここにはいません）

経験の **been to** と混同しないようにしましょう。

I've lost my wallet.

私は財布をなくしてしまいました。（その結果今もありません）

４．現在に至るまでの動作の完了・直前に完了した行為

「～してしまった」「ちょうど～したところです」
I've just finished my task.
ちょうど仕事が終わったところです。
Has Mr. Smith come yet?
スミス氏はもういらっしゃいましたか。

現在完了の注意点

１．明らかに過去を表す言葉とは一緒に使えません。
yesterday、**last week**、**three hours ago** 等々。
ただし、**since**以後には使えます。
I've been here since three hours ago.
３時間前からここにずっといます。

２．疑問詞としての**when**とは一緒に使えません。
ただし**since when** としては使えます。
Since when have you known him?
いつから彼を知っているのですか？

３．**just now**（ついさっき）とは一緒に使えません。
「ついさっき」というのは過去のことです。現在完了には使えません。

ビジネス英語に必須の文法6
仮定法

仮定法過去
現在の事実に反することを仮定・想像・願望する時に使います。

(1) 現在の事実と反対の仮定・想像
If＋主語＋動詞の過去形…、主語＋would、should、could、might＋動詞の原形

If I had time, I could go out with you.
時間があればあなたと一緒にいけるのに。
(現実は時間がなくて一緒に行けない)

If I were you, I'd go to see a doctor.
もし私があなたならお医者さんに診てもらいます。
(現実は私はあなたではない)

If I were not sick, I would attend the meeting.
病気でなかったら、その会議に出席するのだけれど…。
(実際は病気で出席できない)

If he learned how to use a computer, he could easily find a job.
コンピューターの使い方を学んだら、彼は簡単に仕事を見つけられるのに。
(現実は彼はコンピューターの使い方を学んでいない)

(2) 現在実現不可能なことや実現困難な願望を表す

I wish/If only＋主語＋動詞（助動詞）の過去形

I wish I were a little younger.
もう少し若ければよいのだけれど…。

I wish I could go, but I have another appointment.
行ければいいのに…、でも、先約があるのです。

If only you would be more careful!
あなたがもっと慎重だったらよいのに…。

If only the rain would stop.
雨がやみさえすればよいのだけれど。

よく使われる仮定法の慣用表現

1．**It's time＋仮定法過去「～する時（時間）です」**

It is time he came to pick me up.
もう彼が迎えに来てもいい時間です。

It's time you went to bed.
もう寝る時間ですよ。

2．**If it were not for ～「もし～がなければ」**

If it were not for your advice, my project would fail.
あなたのアドバイスがなければ、私の計画は失敗するでしょう。

If it were not for air, we could not live.
もし空気がなければ、私達は生きていくことができないでしょう。

ビジネス英語に必須の文法7
強調

very muchを使わないで強調できる方法を知っておくと役立ちます。

It is ～ that…構文「…なのは～です」
It is you that should answer the question.
その質問に答えるべきなのはあなたです。
It was Mr. Diaz that made a mistake.
失敗をしたのはディアズ氏でした。
It was on this very spot that I first met Ms. Wood.
私が初めてウッドさんと会ったのはまさにこの場所でした。

Who is (was) that (it) ＋動詞（主語＋動詞）?
「～だったのは誰なのですか？」
Who was that tried to buy out NUC Corporation?
NUCコーポレーションを買収しようとしたのはどこの会社ですか？
Who is that you want to see?
あなたが面会したいのはどなたなのですか？

Why is (was) that (it) ＋主語＋動詞?
「～なのはどうしてですか（どうしてだったのですか）？」

201

Why was it Mr.Clark couldn't bring the issue to the negotiation table?
クラーク氏がその件を交渉に持ち込めなかったのは、どうしてだったのですか？
Why was that Ms.Lee has been fired?
リーさんが解雇されたのはどうしてなのですか？

When is (was) that (it)＋主語＋動詞？
「〜はいつなのですか（だったのですか）？」
When is that our contract with that agency is going to be due?
あの代理店との契約が切れるのはいつなのですか？
When was that Mr. Anderson billed YTY Company?
アンダーソンさんがYTY社に請求書を送ったのはいつだったのですか？

語句の反復による強調
I worked and worked day after day.
私は来る日も来る日も働きました。
My boss told me over and over to take a TOEIC examination.
上司は何度も何度も私にTOEICテストを受けるように言いました。
The situation got worse and worse.
事態はますます悪くなりました。

助動詞doを置くことによる動詞の強調

強調したい動詞の原形の前に**do**、**does**、**did**をつけます。

Who did break the window?
誰がいったい窓ガラスを割ったのか？

They never did understand each other very well.
彼らはお互いを理解し合ったことなど一度もありません。

Do come and see me again.
是非ともまた遊びに来てください。

音声ダウンロードサービスについて

この度は荒井弥栄著『ファーストクラスの英会話 電話・メール・接待・交渉編』をお買い上げいただき、ありがとうございます。
著者本人が本書を朗読した、音声ファイルをご用意いたしました。
お持ちのパソコンやMP3プレーヤーでお楽しみください。
ダウンロードは、以下の手順でお願いいたします。

❶祥伝社のホームページを開いてください。
http://www.shodensha.co.jp/
❷『ファーストクラスの英会話 電話・メール・接待・交渉編』のダウンロードのバナーをクリックしてください。音声サービスは他にもありますので、まちがえないようにご注意ください。
❸パスワード入力画面に、下記のパスワードを入力してください(半角英数です)。

2013first

❹ダウンロード画面に切り替わります。
❺ダウンロード画面の右端にある「音声ファイルダウンロード」のバナーをクリックしてください。

ファーストクラスの英会話 電話・メール・接待・交渉編

一〇〇字書評

切り取り線

購買動機（新聞、雑誌名を記入するか、あるいは○をつけてください）
□ （　　　　　　　　　　　　　　　）の広告を見て
□ （　　　　　　　　　　　　　　　）の書評を見て
□ 知人のすすめで　　　　□ タイトルに惹かれて
□ カバーがよかったから　□ 内容が面白そうだから
□ 好きな作家だから　　　□ 好きな分野の本だから

●最近、最も感銘を受けた作品名をお書きください

●あなたのお好きな作家名をお書きください

●その他、ご要望がありましたらお書きください

住所	〒				
氏名			職業		年齢
新刊情報等のパソコンメール配信を 希望する・しない	Eメール	※携帯には配信できません			

あなたにお願い

この本の感想を、編集部までお寄せいただいたらありがたく存じます。今後の企画の参考にさせていただきます。Eメールでも結構です。

いただいた「一〇〇字書評」は、新聞・雑誌等に紹介させていただくことがあります。その場合はお礼として特製図書カードを差し上げます。

前ページの原稿用紙に書評をお書きの上、切り取り、左記までお送り下さい。宛先の住所は不要です。

なお、ご記入いただいたお名前、ご住所等は、書評紹介の事前了解、謝礼のお届けのためだけに利用し、そのほかの目的のために利用することはありません。

〒一〇一―八七〇一
祥伝社黄金文庫編集長　吉田浩行
☎〇三（三二六五）二〇八四
ohgon@shodensha.co.jp
祥伝社ホームページの「ブックレビュー」
からも、書けるようになりました。
http://www.shodensha.co.jp/
bookreview/

祥伝社黄金文庫

ファーストクラスの英会話 電話・メール・接待・交渉編

平成25年9月5日　初版第1刷発行

著　者	荒井弥栄
発行者	竹内和芳
発行所	祥伝社

〒101-8701
東京都千代田区神田神保町3-3
電話　03（3265）2084（編集部）
電話　03（3265）2081（販売部）
電話　03（3265）3622（業務部）
http://www.shodensha.co.jp/

印刷所	堀内印刷
製本所	ナショナル製本

本書の無断複写は著作権法上での例外を除き禁じられています。また、代行業者など購入者以外の第三者による電子データ化及び電子書籍化は、たとえ個人や家庭内での利用でも著作権法違反です。
造本には十分注意しておりますが、万一、落丁・乱丁などの不良品がありましたら、「業務部」あてにお送り下さい。送料小社負担にてお取り替えいたします。ただし、古書店で購入されたものについてはお取り替え出来ません。

Printed in Japan　　ⓒ 2013, Yae Arai　　ISBN978-4-396-31617-4 C0182

祥伝社黄金文庫

荒井弥栄　ビジネスで信頼される　ファーストクラスの英会話

元JAL国際線CAの人気講師が、ネイティブにも通用するワンランク上の「英語」をレッスン！

石田 健　ビジネスですぐに役立つ　1日1分！　英字新聞

ビジネス英語と時事ネタを、もっと手軽に！　毎日の積み重ねで、世界の一流ニュースがスラスラ読めちゃう！

片岡文子　1日1分！　英単語

ニュアンスの違いがわかれば、使える語彙はどんどん増える。ワンパターンの表現じゃ、いい仕事はできません。

小池直己　1問20秒即答トレーニング　新TOEICTEST　650を約束する20のツボ

本書でスピード力をつけ、「20のツボ」で弱点をあぶり出して対策をすれば、650点は確実に取れます！

中村澄子　新TOEIC®テスト　スコアアップ135のヒント

最強のTOEICテスト攻略法。基本から直前・当日対策まで、もっとも効率的な勉強法はコレだ！

中村澄子　1日1分レッスン！　新TOEIC® TEST 千本ノック！6

最新傾向を一番反映した本はコレ！　スコアの伸び悩み解消に効果バツグン。「本番に出た」の声続々！